"十三五"国家重点图书出版规划项目

国家出版基金项目 NATIONAL PUBLICATION FOUNDATION

齐康 主编 可持续发展的中国生态宜居城镇系列丛书

中国城市发展中的决策问题研究

张 嫄 著

东南大学出版社

·南京·

丛书总序

党的十九大胜利召开,这是全国人民的一件大事。我们在以习近平同志为核心的党中央领导下,在各个方面都取得了长足的进步。在新的征途上,我们还有大量的工作要做,到两个一百年我们将会成为一个富强、民主、文明、和谐的社会主义现代化国家。

我们今天仍是发展中国家,在建设中尚有许多贫困地区需要扶持,在农村中存在孤寡老人、留守儿童需要关照。随着全球气候变暖,有的地区雾霾等恶劣气候影响着人们的健康生活;在发展农村经济时,切忌盲目发展,要保持青山绿水。

我们尚处在转型阶段,在这个关键时期我们不能松懈。我们要做的事还有很多,主要是:

传承——把历史上的优秀文化传承下来,剔去糟粕。

转化——在转型阶段向新阶段转化,如新型城镇化的开拓发展。

创新——我们的目的是要不断地创新,探索永无止境。

科技是第一生产力,我们的教育就是要培养忠于人民、为人民服务的有文化、有理想、有技术、有道德的人才,为中华民族的伟大复兴做出贡献。

近年来,我们的团队在以习近平同志为核心的党中央领导下,教学科研工作取得了一些成绩,尤其在研究可持续发展的中国生态宜居城镇方面做了一些探索。在党的十九大精神指引下,我们深感前途是光明的、任务是艰巨的。我相信,只要大家团结在以习近平同志为核心的党中央领导下,努力工作,尤其在新型城镇化建设中努力探究和开拓,一定会取得新成果。

本课题是"十三五"国家重点图书出版规划项目,也是国家出版基金项目,感谢新闻出版广电总局的大力支持及给予的肯定,相信在大家的共同努力下,在东南大学出版社的支持与编辑的辛勤工作下,我们一定能够顺利完成本套丛书的出版。

齐　康

2017 年 11 月

前　　言

改革开放 40 多年来,我国城市发展和建设取得巨大成就,城镇化进程将向更大规模、更高质量加速推进,进入从量变到质变的关键转折期,这将使我国的社会结构和人们的生产、生活方式发生根本性的变革。作为一个综合的决策框架和改革平台,走以人为本、四化同步、优化布局、生态文明、文化传承道路的中国特色新型城镇化推动了前所未有的城市中国时代来临,是中国发展水平根本提升的机会,也是一场巨大的经济、社会结构变革,给决策体制和社会传统治理模式带来挑战。

决策(Decision Making)的意译是"做出决定",是人类社会特有的、每时每刻都要面临的行为。决策改变着自然界,改变着人类社会,也改变着人类自身,在过去、现在和将来都是人类进步与发展的动因。近年来,中国城镇化问题受到学术界的广泛关注,关于城镇化的论著十分丰富。从这些论著看,研究的热点主要集中于城镇化现象及其内在规律。实际上,城镇化进程中的城市管理和决策体系的作用巨大,但这方面的研究目前还比较少。本书正是针对中国城市建设和发展的决策问题展开研究,构建城市决策体系的基本理论逻辑和分析框架,结合案例进行实证研究,探索提出有利于中国城市稳定、健康、可持续发展的决策建议和实用工具。主要内容与研究框架如下:

第一章,绪论。指出本书的研究背景、主要思路、研究基础以及技术路线和本书框架结构。提炼城市发展和新型城镇化与城市决策理论之间建立关联的研究目标,并简要介绍主要实证案例的选择。

第二章,相关研究综述与理论基础。采用城市科学学科和决策学学科两条脉络阐述本次研究起点时的理论形势和可用文献资源。梳理城市研究的多元视角和现代决策科学的研究进展,分析存在的主要问题。提出本书研究的理论基础,即以人居环境科学理论为代表的城市科学理论和现代决策科学理论框架。

第三章,中国城市发展和特色城镇化概貌。分析总结世界城镇化特征、一般规律和发展趋势,重点回顾中国城镇化历史,分析演进特征、动力机制,预测发展趋势,描绘中国城镇化发展的概貌轮廓。为后续按决策对象、决策主体、决策方法和决策机制四个主要方面分别展开决策体系框架研究和论述做好铺垫。

第四章,城市决策的对象、需求与目标。作为决策的对象,首先澄清"城市"的基本概念和内涵定义,论述中国城市发展特征及其与其他国家城市的不同,面临的来自城乡二元结构、资源环境承载能力、全球化、市场化等方面的现实挑战和可持续发展要求,分析我国决策的城市倾向原因,提出新的城市决策目标。

第五章,城市决策的主体、组织与结构。通过文献研究和资料调查,论述新中国成立后中国决策体制的形成与基本特征,以及未来改革趋势。在决策主体、组织和结构方面存在的问题。在研究横向分权的同时,重点分析中央与地方关系、中央与地方分权以及地方官员"晋升锦标赛模式"等对城市增长和发展的影响。

第六章,城市决策的方法、工具与应用。主要采用案例分析的方法,一是中央政府从计划到规划的决策模式转变;二是城市规划决策模式研究,案例为"福建省中心城市框架规划研究";三是城市战略决策,案例为"面向2030年的六安城市发展战略研究"。

第七章,城市决策的机制、行为与程序。论述中国决策机制特点及存在的主要问题,重点分析"商量办事"的"共识型决策模式"在城市基础设施建设方面的应用和影响;城市行政体制改革的历程与趋势;决策失误论述及案例分析。案例选择是投资项目可行性研究的"城市基础设施和公益类项目"决策机制。

第八章,结论与讨论。总结本书研究的主要成果,归纳主要结论与创新点,对下一步的研究进行展望。

本书研究的创新点为:① 以多学科跨学科融合的研究方法,坚持理论与我国具体实践相结合的基本原则,以中国城市建设和发展为对象,以现代决策科学为分析视角,构建中国城市决策科学理论框架;② 论述中国城市与其他国家明显不同的发展特征、动力机制、面临挑战及我国决策的城市倾向原因,重点分析中央与地方关系、中央与地方分权,以及地方官员"晋升锦标赛模式""商量办事"的"共识型决策模式"等对城市增长和发展的影响;③ 通过笔者参与的案例,开展了相关实证研究。

目　　录

1　绪　论

1.1　问题的提出

随着工业化在世界范围内的普及，全球城镇化水平持续提高。"人类首次将有一半的人口居住在城市地区，全球正在快速迈向城市化的社会，全球城市化的时代已经到来"。中国人口众多，城镇化率若提高 10 个百分点，相当于整个日本的人口从农村向城镇转移；若提高 20 个百分点，相当于整个美国人口的大规模转移；中国的城镇化发展将是人类历史上一次空前的大迁徙和大变革，越来越受到国际社会的关注，是今后一个时期对中国及国际经济发展影响较大的事情。世界银行在《2020 年的中国》中开宗明义："当前的中国正经历两个转变，即从指令性经济向市场经济转变，和从农村、农业社会向城市、工业社会转变。"2000 年 7 月诺贝尔经济学奖获得者、美国著名经济学家斯蒂格利茨（Stiglitize）就预言："影响未来世界经济发展的两件大事，一是美国的高科技发展，二是中国的城市化。"新中国成立以来，我国城镇化经历了曲折的发展过程。改革开放 40 多年来，我国城市发展和建设取得巨大成就，城镇化进程将向更大规模、更高质量加速推进，进入从量变到质变的关键转折期，这将使我国的社会结构和人们的生产、生活方式发生根本性的变革。

中国共产党十八大报告提出"到 2020 年实现全面建成小康社会宏伟目标"。加快推进社会主义现代化、实现中华民族伟大复兴的中国梦，为此，要"坚持走中国特色新型工业化、信息化、城镇化、农业现代化道路，推动信息化和工业化深度融合。工业化和城镇化良性互动、城镇化和农业现代化相互协调，促进工业化、信息化、城镇化、农业现代化同步发展"。2013 年中央城镇化会议和《国家新型城镇化规划（2014—2020 年）》再次强调城镇化是现代化的必由之路，是保持经济持续健康发展的强大引擎，是加快产业结构转型升级的重要抓手,是解决农业、农村、农民问题的重要途径,是推动区域协调发展的有力支撑,是促进社会全面进步的必然要求。我国城镇化是在人口多、资源相对短缺、生态环境比较脆弱、城乡区域发展不平衡的背景下推进的。根据世界城镇化发展普遍规律,我国仍处于城镇化率30%～70%的快速发展区间,但延续过去传统粗放的城镇化模式,会带来产业升级缓慢、资源环境恶化、社会矛盾增多等诸多风险,可能落入"中等收入陷阱",进而影响现代化进程。随着内外部环境和条件的深刻变化,中国特色新型城镇化必须进入以提升质量为主的转型发展新阶段。

作为一个综合决策框架和改革平台,走以人为本、四化同步、生态文明、文化传承、优化布局的中国特色新型城镇化道路推动了新的城市中国时代来临,成为从根本上提升中国发展水平的重要机会,将带来一场巨大的经济、社会结构变革,对决策体制和社会传统治理模式提出挑战。十八届三中全会《中共中央关于全面深化改革若干重大问题的决定》提出"完善党的领导体制和执政方式,为改革开放和社会主义现代化建设提供坚强政治保证"。如何提升城市发展质量、加快建设进程、提升可持续发展能力成为中国城市管理者的新命题,也是对城市管理和决策体系提出的前瞻性、战略性研究课题。

决策一词的意译是"做出决定",决策是人类社会特有的、每时每刻面临的行为。人类的决策改变着自然界,也改变着人类社会,改变着人类自身,在过去、现在和将来一直都是人类进步与发展的动因。近年来,中国城镇化问题受到学术界的广泛关注,关于城镇化的论著十分丰富。从这些论著看,研究的热点主要集中于中国城镇化战略和实现途径的选择,城镇化水平评价,以及户籍人口制度、土地制度、社会保障制度等制度创新的研究,重点关注与土地城镇化相对应的人口城镇化,城镇化与工业化的关系等,视角多为城镇化现象。实际上,城镇化是一个非常综合性的问题,它不仅仅是人口进入城市的问题,而是一个由传统的农村社会向现代城市社会转变的历史过程,是一个经济发展与社会进步相融合的过程,需要一系列社会经济条件和环境来支撑,这其中,城市管理和决策体系的作用巨大,但这方面的研究目前还比较少。本书正是循着这样的思路展开研究的。

1.2 主要研究基础

1.2.1 研究基础

笔者自 1992 年建筑学本科毕业后,首先从事过房地产开发与工程咨询工作,作为业主单位代表,组织编制开发区修建性详细规划和房地产项目可行性研究报告等。2004 年进入中国国际工程咨询有限公司(以下简称中咨公司),先后在社会事业部和资源与环境业务部担任项目经理。作为国家级决策智库,中咨公司主要承担国家投资决策部门和地方政府委托的各类政策研究与评估、规划编制与评估、项目咨询与评估以及工程项目全过程管理等咨询任务,为决策部门提供咨询意见。本人主要从事城建基础设施、公共事业发展、资源节约与环境保护、应对气候变化等领域的相关工作,参与完成了多项宏观政策研究、国家级专项规划编制与中期评估、省域中心城市框架规划研究、地区产业发展规划编制、城市发展战略研究以及国家博物馆等公共事业类重大项目前期论证评估等咨询项目,在实践中积累了较为丰富的经验和资料,对我国城市建设与发展中的各类决策问题有着较为深刻的洞察了解和全面深入的观察视角。在理论基础和国际比较方面,笔者两次参加中日政府间环保论坛,考察日本城市环保设施建设和我国重金属污染场地治理;赴法国参加战略咨询短期培训;参与国家科技支撑计划课题研究等多项活动,为梳理改革开放以来我国城市建设与发展的决策轨迹,打下了较为坚实的科研基础。

1.2.2 资料基础

笔者参与了国家发展和改革委员会委托的"多渠道增加服务业投入的政策研究""十二五全国生活垃圾和生活污水无害化处理设施建设规划编制""东北地区节能环保产业评价研究""环渤海环境保护规划评估""太湖流域环境保护实施方案编制""珠海市横琴岛发展规划评估""国家博物馆工程项目可行性研究评估和设计方案优化咨询""新建且末苏塘垦区 38 团总体规划评估""山东寿光农产品批发市场项目评估""中科院知识创新三期工程部分项目评估"等项目;参与了地方政府委托的"福建省中心城市框架规划研究""阜新等 4 个资源枯竭城市转型规划编制""石家庄市服务业发展规划编制""六安市城市发展战略研究"等项目;

以及业主单位委托的"国家图书馆二期工程部分系统后评价""中国国家画院扩建工程项目建议书和可行性研究报告"编制等多个项目,积累了大量关于实证中国城市建设与发展决策科学体系的一手资料,收集了较为完整的相关数据,同时,由于长期近距离为中央政府部门和地方政府提供决策咨询服务,能够直接接触各类决策文件,有着一般院校无法比拟的优势,以上为笔者系统开展决策科学研究提供了扎实可靠的基础条件。

1.2.3 依托基础

本书研究主要依托三个基础,一是笔者导师齐康院士在建筑学和城市规划领域的学术文献、研究实践和工程实例;二是笔者单位在投资决策领域长期积累形成的相关咨询理论、研究方法和案例材料;三是政府部门酝酿或出台相关政策的文件资料。

1.3 主要研究思路与方法

1.3.1 研究思路

坚持理论与实践相结合的基本原则,在学习掌握现有相关理论的基础上,一切从实际出发,实事求是,对具体情况进行具体分析,把理论与实践紧密联系起来。为做到理论与实践的具体的、历史的统一,本书研究采取历史观察和全面立体的视角,透过现象看本质,试图理解、描述、解释新中国成立以来至今中国城市建设与发展的客观事实,努力摸索其发展本质、内在联系和客观规律,认真概括、梳理、总结中国城市建设以及特色城镇化在经济、社会、文化、生态等领域的决策实践特点和决策科学知识体系,提炼构建崭新的理论框架,形成以决策对象(需求与目标)、决策主体(组织与结构)、决策方法(工具与应用)、决策机制(程序与行为)为主要框架的城市决策科学体系。进而在决策科学体系和理论框架的指导下,预测中国城市的未来发展趋势和前进方向,尝试提出有利于中国城市稳定、健康、可持续发展的决策建议和实用工具。

1.3.2 研究方法

城市是一个综合复杂的大系统,观察和解释城市的科学不仅是建筑学、城市规划、园林景观和土木工程等专门学科的生长点,也是集理、工、文、经多学科交叉的边缘性学科。观察、解释城市的运营与管理需要运用现代管理科学等理论;观察、解释城市发展的历史轨迹和现实表现则需要综合运用经济学、地理学、社会学、人文科学等多种理论。为此,本书主要采用的科学研究方法包括:

(1)多学科跨学科的融合研究。通过对城市实践和相关理论的梳理、叠加,从决策科学的分析视角,构建理论分析框架,对城市建设和发展的历史渊源、演变进程、影响因素形成系统的认知。

(2)文献调查法。用好已有文献,对其进行客观分析和系统梳理,按照构建决策体系理论框架的预定目标,充实到本书章节中去,为研究结论提供支撑。

(3)案例研究。按照实践出真知,选取工作实践中不同层次、不同内容、不同阶段的各类决策案例,一一对应理论框架,进行实证研究。

1.4　研究框架和技术路线

本书针对中国城市发展中的决策问题展开研究,首先阐述了中国城市发展和特色城镇化的概貌,然后在借鉴管理科学、城市经济学、社会学、城市规划和建筑学领域研究成果的基础上,构建城市决策体系的基本理论逻辑和分析框架,并且按照决策理论体系的具体内容,结合实证案例逐一深入探讨决策对象与需求目标、决策主体与组织结构、决策方法与工具应用、决策行为与程序机制。最后预测了中国城市及城镇化进程的发展趋势,提出有利于中国城市稳定、健康、可持续发展的决策建议和实用工具。主要内容与研究框架如下:

第一章,绪论。指出本书的研究背景、主要思路、研究基础以及技术路线和本书框架结构。从新中国成立以来至今我国城市建设与发展取得的举世瞩目的巨大成就和面临现实挑战入手,提炼城市发展和新型城镇化与城市决策理论之间建立关联的研究目标,并简要介绍主要实证案例的选择。

第二章,相关研究综述与理论基础。采用城市科学学科和决策学学科两条脉络阐述本次研究起点时的理论形势和可用文献资源。梳理城市研究的多元视角和现代决策科学的研究进展,分析存在的主要问题。提出本书研究的理论基础,即以人居环境科学理论为代表的城市科学理论和现代决策科学理论框架。

第三章,中国城市发展和特色城镇化概貌。分析总结世界城镇化特征、一般规律和发展趋势,重点回顾中国城镇化历史,分析演进特征、动力机制,预测发展趋势,描绘中国城镇化发展的概貌轮廓。为后续按决策对象、决策主体、决策方法和决策机制四个主要方面分别展开决策体系框架研究和论述做好铺垫。

第四章,城市决策的对象、需求与目标。作为决策的对象,首先说明"城市"的基本概念和内涵定义,论述中国城市发展特征及其与其他国家城市的不同,面临的来自城乡二元结构、资源环境承载能力、全球化、市场化等方面的现实挑战和可持续发展要求,分析我国决策的城市倾向原因,提出新的城市决策目标。

第五章,城市决策的主体、组织与结构。通过文献研究和资料调查,论述新中国成立后中国决策体制的形成与基本特征,以及未来改革趋势。在决策主体、组织和结构方面存在的问题。在研究横向分权的同时,重点分析中央与地方关系、中央与地方分权以及地方官员"晋升锦标赛模式"等对城市增长和发展的影响。

第六章,城市决策的方法、工具与应用。主要采用案例分析的方法,一是中央政府从计划到规划的决策模式转变;二是城市规划决策模式研究,案例为"福建省中心城市框架规划";三是城市战略决策,案例为"面向2030年的六安城市发展战略研究"。

第七章,城市决策的机制、行为与程序。论述中国决策机制特点及存在的主要问题,重点分析"商量办事"的"共识型决策模式"在城市基础设施建设方面的应用和影响;城市行政体制改革的历程与趋势;决策失误论述及案例分析。

第八章,结论与讨论。总结本书研究的主要成果,归纳主要结论与创新点,对下一步的研究进行展望。

本书的研究技术路线、逻辑框架、主体结构和理论体系框架等见图1-1、图1-2、图1-3。

```
┌─────────┐        ┌─────────┐      ┌─────────┐
│ 研究思路 │        │ 主体内容 │      │ 本书结构 │
└────┬────┘        └────┬────┘      └────┬────┘
     ▼                  ▼                ▼
```

研究背景与内容 ── 研究目的与意义 / 研究思路与方法 / 研究内容与框架 → 第一章

文献综述 理论基础 ── 相关研究综述 / 城市科学理论/决策科学理论 ── 理论分析逻辑框架 → 第二章

中国城市发展和特色城镇化概貌 ── 历史回顾、演进特征、发展趋势 → 第三章

城市决策的对象、需求与目标 ── 主要矛盾 大政方针 / 城市地位 功能作用 / 市场化 全球化 / 工业文明 生态文明 → 第四章

城市决策的主体、组织与结构 ── 多元化的决策主体 / 决策组织分工体制 → 第五章

城市决策的方法、工具与应用 ── 各种政策工具 / 科学决策方法 / 决策实际应用 ── 实证案例 → 第六章

城市决策的机制、行为与程序 ── 城市管理体制 / 中央与地方 / 国内和国际 ── 程序民主化 → 第七章

结论与讨论 ── 主要结论/创新点/研究展望 → 第八章

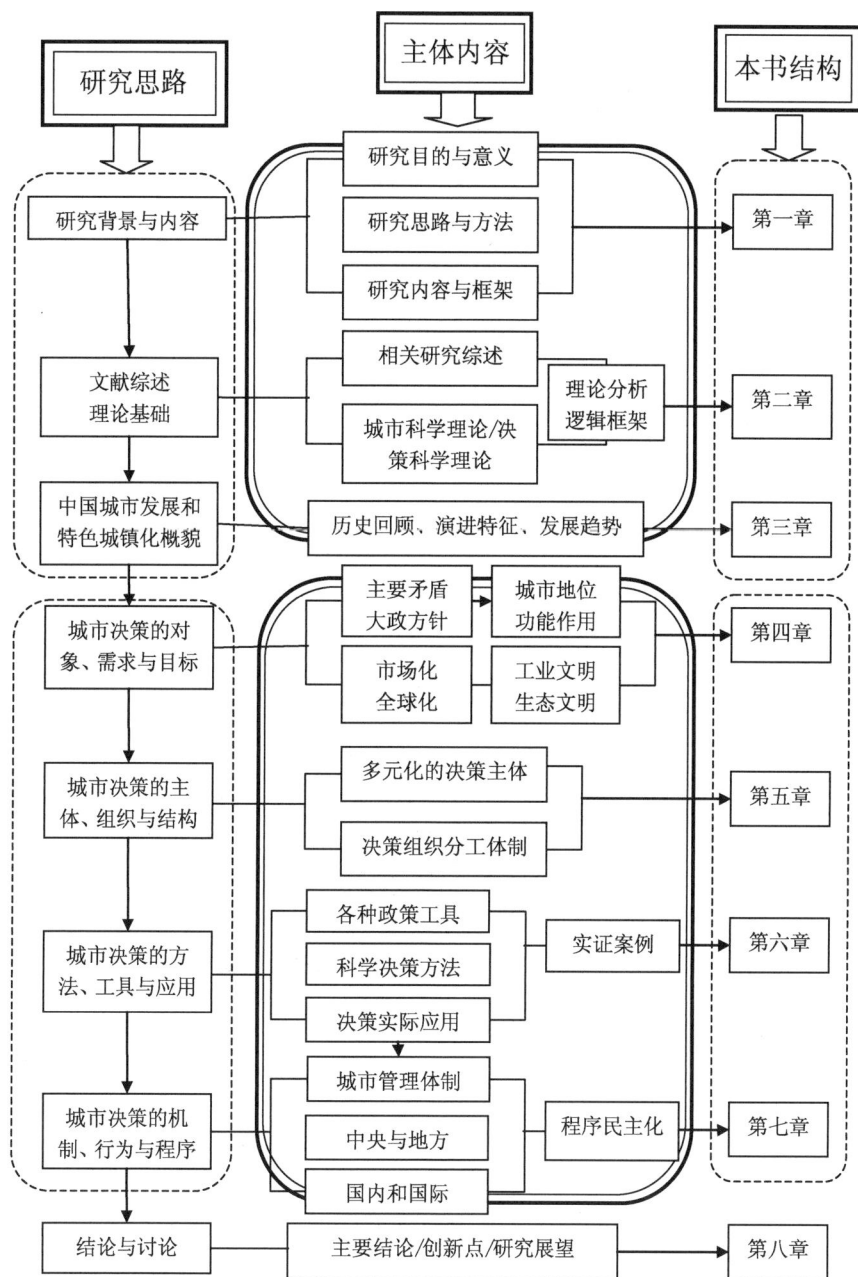

图 1-1　研究的技术路线和逻辑框架图

7

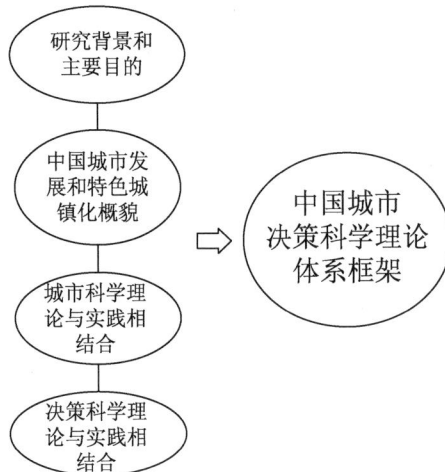

图 1-2　主体结构示意图

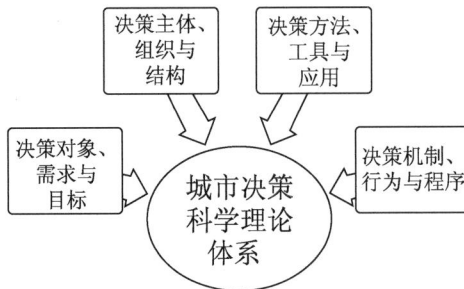

图 1-3　城市决策科学理论体系框架示意图

2 相关研究综述与理论基础

2.1 相关研究综述

2.1.1 城市研究的多元视角

城市是现代文明的发源地,是全世界一半人口的家园,城市的成长与人类的发展过程有着本质的联系。无论是在一个国家的边界范畴内,还是一个区域或全球的概念范畴内,城市都是相对于、也有别于乡村而提出的。随着世界城镇化进程的不断发展,学术界对城市问题持续关注。由于城市起因不同,功能和形态各异,相关问题丰富多样,由此引发的研究主题、观察视角与学术焦点也分散不一。

1)复杂性科学(Science of Complexity)的系统论视角及其方法论

钱学森在1997年1月香山会议中指出:"开放的巨系统由于开放性和复杂性……我们必须用宏观观察。只求解决一定时期发展变化的方法,所以任何一次解答都不可能是一劳永逸的,它只能管一定的时期,过一段时期宏观背景变了,巨系统成员本身也会有其变化,因此开放的复杂巨系统只能做比较短期的预测计算,过一时期要根据宏观观察,对方法做新的调整。"

"整体思维"与"普遍联系"是观察和研究城市的哲学基础。中国哲学把天地万物看作一个整体,整体中各个部分息息相关。科学的发展观建立在整体论基础上,在市场经济条件下,将各种建设发展纳入有规划的导则中。发展应在"控制"和"引导"的基础上,既有宏观调控又能自由发展。

周干峙指出:"城市发展可以充分说明复杂科学的发展,体现复杂科学的规律,以及认识复杂科学对城市发展的重要意义。"城市作为一种社会现象,从其产生至今,在全世界范围的发展都具有一般共同的规律:简单的聚落——村镇——初始的城市——多功能的城市——综合复杂的城市——更为复杂的城市群。城市的复杂性不仅在于其承载着人类创造的巨大物质财富,还在于城市聚集着众多人群。为此,城市的系统性包含自然生态系统、物质技术系统、社会人文系统。在社会经济快速发展的阶段,世界各地出现了城镇化发展的高级形式,即更为高度复杂的巨系统:城市群(Conurbation)。几千万甚至上亿人口密集发展,由城市群进而演进为高密集、连绵网络状大都市地区(High Densely,Continuously,Network-like Megalopolis Region)。

"城市群"这种复杂巨系统既具有可预测性,也具有不可预测性;既有可控制性,也有不可控制性;其本身既有学习功能,也有"自组织"和"他组织"作用。人居环境包括建筑、城镇、区域等,是"复杂巨系统"。以复杂巨系统的视角来观察研究城市,不仅能够深化对城市发展规律的宏观认识,系统科学更是必不可少的方法论聚集。科学的革命是新范式取代旧范式。科学的发展需要"大科学"(Mega Science),需要"大科学时代"。城市的发展过程及其产生的问题错综复杂,更加需要借助复杂性科学的方法论,采用多学科的交叉研究,从整体上展开探索。

2)研究影响城市发展各主要因素的视角

这种视角源于城市规划、城市建设与管理等学科,主要针对影响城市发展的主要因素,如城市经济、城市规划、城市管理等。储传亨和王长升主编的《城市科学概论》一书就把城市科学研究的内容分为城市经济、城市规划、城市基础设施建设、城市环境建设、城市管理、城市领导等诸方面。

3)以城市学为主的视角

这个视角源于钱学森提出的"应该以城市学作为城市科学的牵头学科,加强城市学的理论研究,在此基础上逐步建立起科学的城市学体系,用马克思主义的观点去洞察城市学的有关问题,用系统论的方法去分析研究城市学"。这种观点认为,城市学研究并不是要把城市中各个层面的研究都整合在一起,城市学着重研究的是城市发展的原理。城市原理指带有普遍意义的、最基本的、可成为各个分支学科实际应用的基础理论。城市学研究的基本任务是揭示城市发展历史过程中的规律性,城市与社会文化同步发展的机理,以及城市在塑造社会文明、民族历史和国家制度中的多重作用,从而对当前城市发展和社会经济中的一些导向性问题做出回答。

4）综合性学科研究的视角

由于研究对象的复杂性和综合性，单一地研究与城市发展有关的各个学科是远远不够的，还需要研究影响城市发展的各因素之间的相互关系。为此，城市研究成为一门有别于城市规划、城市经济等单一学科的综合性学科。何钟秀和曾涤编写的《城市科学》一书指出："城市科学就是研究城市七要素，即城市社会、城市结构、城市经济、城市流通、城市信息、城市文化、城市生态和它们之间的有机联系。这种联系表现在城市运动规律性的动态平衡和相对稳定之中。而要使城市在这样一个状态中遵循循序渐进的发展规律，就必须协调好七要素的关系。研究七要素的协调机制和各自的功能作用，就是城市科学的主要内容。"

这种综合性的视角既分析影响城市发展的各方面因素，又研究各因素之间的相互关系。如城市交通设计与小轿车的关系；城市生态环境保护和可持续发展与城市人口、规模、结构等的相互关系研究；城镇化推进过程中协调城乡关系研究、城市与区域的关系研究等。

5）多学科交叉融合的研究视角

该视角认为，21世纪的城市已演变为复杂的系统，研究城市是地理学和建筑学的学科任务及其生长点，也是理、工、文、经多学科交叉的其他学科相互融合的任务。这种学科融合，对城市建设、区域开发和经济社会的可持续发展具有重要的现实意义。作为一门应用性和实践指导性极强的学科，城市科学在与地球科学、土木工程、经济学、人文科学、社会科学和信息科学的广泛交叉中，已迅速发展起来。多学科融合研究的重点领域包括中国城镇化理论框架与发展过程；转型期中国城市规划理论创新及其应用；城市经济、城市土地与城乡住房；区域经济、区域规划与区域政策；城市社会管理与社区建设；城市文化与城市史研究；城市综合立体交通规划与物流研究；城市生态与环境；园林景观与设计；城市规划信息系统以及"数字城市""智慧城市"等。

6）研究城市转型的相关理论

有四个相关理论视角可用来解释中国的城市转型。

（1）现代化理论。现代化理论源于新古典主义经济发展研究，这种理论认为社会结构由经济结构所决定（包括城市化水平），社会结构的变化会决定后者的发展阶段，比如倒U形理论。现代化理论建议第三世界国家先实现经济结构转化，进而通过工业化带来的人口集聚到城市，来实现城市化。

（2）依附理论。世界体系与依附理论关注第三世界国家非法居住地、非正规经济、高失业率、服务设施不足、过度城市化等现实问题。该理论认为发展中国家处于世界体系边缘，依附于西方发达国家；发展中国家有原材料出口的现代化部门，也有依然落后的传统部门；最终导致发展中国家资源耗尽，更加贫困边缘化。依附理论认为社会结构受国家间贸易关系所决定，受世界经济体系的影响，一个国家的经济结构是整个世界经济系统运转的一部分。发展中国家应重视并处理好与发达国家的贸易关系。

（3）发展型政府理论。该理论强调国家的作用，用以解释东亚新崛起国家能够赶超发达国家经济的原因。国家能够依靠产业、金融、财政等政策的强干预以及与民间资本的联合，促进出口导向型经济发展，快速实现国家工业化。发展型政府将现代化的城市部门转变为国家经济的增长引擎。与依附理论的"宿命论"完全不同，发展型政府理论强调国家的主导作用，强调了国家主权在整个国与国间关系中的重要性，认为经济结构能够靠国家的强力干预得以转型和升级。

（4）后社会主义转型理论。该理论源自中东欧前社会主义国家的实践经验，这些前社会主义国家在实现市场化的同时仍能延续过去的政治体制。历史决定着当今社会政治的特征，即"路径依赖"。后社会主义转型理论强调了政治结构的历史植根性，并决定继续国家的社会结构。

（5）中国的特色转型理论。在特定的低城市化水平的经济发展阶段，在全球化和国际劳动分工格局的大背景下，在特定的低城镇化水平发展阶段，中国实行改革开放，采取类似开发型政府模式，利用国家制度与市场刺激相结合的治理手段，把历史遗留的城乡二元社会结构转化为一种经济竞争力，形成特殊的"不均衡空间发展"形式，积极参与世界经济体系运行。吴缚龙等在《转型与重构：中国城市发展多维透视》书中提出，"将所有这些线索串联起来，我们可以看到转型中的中国城市发展正在走向市场导向的'高级'阶段。管制模式也发生了从'发展型'政府到'经营型'政府的巨大转变，由强调利用工业政策来引导后进工业化国家的经济发展，到利用空间把'地方空间'商品化。伴随这样一种转型，国家角色本身也发生了改变，从资源的分配者变成了市场的参与者。国家社会主义的'历史延续性'只是定义了一些建立市场社会工程的参数，比如中国特定的土地所有制形式使得政府的调控能力加强；而为建立市场经济所建立的全面的市场社会也是需要有高度的政治动员能力来支持。所以这种特殊的'路径依赖'政治与活跃的市场经济的结合，值得未来学者的关注"。这种中国特色的转型理论观点,不同于现代化理论的经济阶段决定论,不同于世界体系理论的世界政治决定论,不同于发展型政府理论中对国家能力的乐观态度,也不同于后社会主义转型理论中过分强调"社会主义历史延续性"的观点。

7)城市研究的主要问题

(1)基本概念和统计口径不一致

周一星在文章《城市研究的第一科学问题是基本概念的正确性》中提出,中国城市的基本概念极为混乱,已经难以为继。"基本概念"是最基础、最重要的问题,城市研究(包括城市规划)的第一科学问题是基本概念的正确性。没有正确和统一的城市基本概念,就谈不上城市研究,就没有城市科学,就弄不清城市和乡村的基本国情,就不会有正确的决策。

处在成长期的中国城市科学研究,对某些基本的概念问题常常得不到共识,造成理解上和使用中的混乱。例如,中国的城市既可以理解为一个点,又可以理解为一片区域,无论从概念上,还是统计口径上,尚未能与世界接轨。如中国城市统计年鉴中所列"全市"为城市的全部行政区域,包括城区、辖县、辖市;"市辖区"包括所有城区,不包括辖县和辖市。

(2)长期的多学科分割问题

由于城市研究的复杂性,长期以来,世界范围内至少有建筑学、地理学、经济学、城市史学及社会学五大学科进行城市科学研究,国内以建筑学、城市规划领域的研究最为深入,即通常论述的"城市规划"问题。随着世界城市规模的扩大和城市数量的增多,城市问题日益突出,人们已经认识到,多学科专家协同作战才是解决城市问题的根本途径,仅从工程技术角度考虑是不够的,城市研究重经济轻社会,重物质形态轻文化思想,重产业发展轻环境生态的错误思路应尽快扭转。从近年来的管理实践看,地理(区域)、经济、环境,特别是社会学家对城市总体建设的论证及其合理化建议,已经解决了不少城市问题。

2.1.2 决策科学研究进展

1)概念与定义

随着知识经济的到来,科学与管理这两个学科,已逐步从分离状态演变为紧密结合,给现实世界带来广泛和深远的影响。马克思主义基本原理指出,劳动是理论实践(内实践)和行为实践(外实践)的完美结合。劳动要想成为价值的创造过程而不是破坏过程,必须决策正确、管理有效、操作无误。这 3 个价值创造的要素形成三大科学体系:决策科学、管理科学、自然科学与技术。自然科学完成物质变换,在生产中决定生产效率。管理科学完成人的行为变换,决定着生产效果。决策科学完成精神变换,决定效果正负。

现代决策是决策学与自然科学相结合的综合性、实践性极强的专门学科。作为一种具有独特应用领域的理论和方法学,与领导科学、管理科学、行为科学等众多学科相互渗透、彼此交叉,共同为实现人类社会发展的目标服务,同时在实践的过程中不断丰富和更新自身。归纳起来,目前比较趋于一致的看法,一是由科学管理学创始人之一、世界经济学家、美国科学家赫伯特·西蒙(Simen)提出的"管理就是决策";二是由我国学者于光远提出的"决策就是做决定",也是"决策"一词从英文 Decision Making 意译的最初含义。以上两种看法从不同角度揭示了决策的基本内容。

从决断层面上看,决策是人们对未来实践的方向、目标、原则以及选择达到目标而采取的方法、途径、策略所做出的决定,是人类生活中时刻要面临的行为。决策就是做决定,决策是行动的选择,行动是决策的执行。

从组织管理层面上看,决策是管理工作的核心。这主要是对于决策过程的理解,认为决策就是管理,是选择,是个体或群体为实现其目的、改变环境而进行的设计、选择和决定活动及其成果。决策既表现为管理者的功能和能力,也表现为管理的过程和行为,从相对的意义上说,领导者就是管理者,管理者就是领导者。决策也可以理解为一定的行为主体为实现既定目标或价值观而做的选择。选择是决策的核心,没有选择就没有决策。

从认识论的角度来讲,决策在本质特征上是人们的创造性思维活动,是人们在认识客观存在的前提下,为实现一定的目的而进行的抉择思维。其哲学意义乃是在主观与客观、理论与实践的矛盾对立统一体的不断发展变化过程中,能动地改造自然、改造社会和控制事物发展的能力。决策是与认识相联结的思维的第二序列,认识只是关于客观对象的描述和揭示,决策则包含着极强烈的目的性。作为思维的一个序列,决策是认识与行动之间的中介环节,由此可以认为,没有决策就没有行动。

2)发展历程

早在 18 世纪卡莱美和伯努里开始对决策进行研究,直至两个世纪后,Ramsey, Von Neumann 和 Morgensterm 先后提出了决策公理系统,为经典决策理论(贝叶斯决策理论,也称期望效用理论)奠定基础。决策理论的发展大致经历了统计决策、序贯决策(包括 Markov 决策)、多目标决策、群决策、模糊决策理论、集成决策理论等几个阶段。

最早的统计决策理论包括确定型决策问题、风险型决策问题、不确定型决策问题。不同的决策者，会采取不同的决策策略。如保守型决策者一般倾向于采用 Wald 决策准则；冒险型决策者一般倾向于采用 Hurwicz 准则；折中型决策者可能采用其他几种决策准则如 Laplace 准则、乐观系数法、Savage 准则等。以上决策模型是传统统计决策理论所研究的核心内容，这种决策理论需要大量的历史统计资料，只适用于可以大量重复性的实际问题的决策情形。对于一次性事件或稀少事件(如试验费用昂贵的洲际导弹发射、登月计划、外星探测、航天发射等等)，则不再适用。这时就需要借助决策者或专家的主观判断对客观状态数目及其出现概率做出估计。

现代博弈论(Game Jheory)是决策理论的另一个重要分支。Von Neumann 和 Morgenstem 概括了经济主体的典型行为特征，提出了标准型、广义型与合作型博弈模型、解的概念和分析方法，奠定了博弈论与经济博弈论的理论基石。Nash 和 Tucker 发展并奠定了现代非合作博弈论的理论基石，Selken 将 Nash 的均衡概念引入了动态分析，提出了"精练纳什均衡"概念，Harsanyi 则提出了不完全信息博弈和贝叶斯均衡概念，Kreps、Wilson、Milgrom 和 Roberts 对动态不完全信息模型及声誉问题的研究取得了丰硕成果，建立了著名的"四人帮模型"，Fudenberg 和 Tirole 给出了精练贝叶斯均衡的正式定义。

美国斯坦福大学 M. Elisabeth、Pate Cornell 和 Peter J. Regan 对快速时变系统的动态风险决策进行了多年研究，建立了一套以决策分析和人工智能方法为基础的风险测度模型和决策模型框架。英国学者 Ralph L. Kliem 和 Irwin S. Ludin 提出采用系统方法来进行风险决策，并提出了判别、分析和控制不同风险的理论框架和使用方法。

在集成决策理论方面，著名科学家钱学森院士提出"集大智工程"概念，中科院自动化研究所戴汝为院士则提出应发展以专家经验为基础的综合集成决策理论。

诺贝尔奖获得者美国卡内基梅隆大学教授赫伯特·西蒙提出有限理性决策模型，并在经济组织内部，在决策程序问题上取得从计量经济转向决策理论的开创性研究成果。

赫伯特·西蒙从逻辑验证主义出发，对传统管理理论确立的各种组织原则，如命令统一原则、管理幅度原则、集团化原则等提出批评。西蒙认为，无论哪个原则，若无助于解决组织的现实问题，只不过是谚语而已。与传统管理仅仅把决策局限为最高领导关于全盘方针的决定这种观点不同的是，西蒙认为不仅最高管理阶层要进行决策，组织的所有阶层包括作业人员都要进行决策，它贯穿在整个组织活动之中。组织是作为决策者的个人组成的系统，管理就是决策。对管理决策过程的分析，以及如何提高决策的有效性，是西蒙理论的重要内容。

西蒙认为，决策绝不只是"从多个备选方案中选定一个方案"的行为，而是包括几个阶段和涉及许多方面的一个过程。一是收集情报阶段，企业在决策过程中，首先要收集所处环境中有关经济、技术、社会等方面的情报并加以分析，同时对企业内部的有关情报也要收集和分析。这一阶段的主要任务是探查环境，寻求决策的条件，可称之为"情报活动"。二是拟订计划阶段，以企业所要解决的问题为目标，依据第一阶段的分析结果，拟订各种可能的备选方案，可称之为"设计活动"。三是根据当时的情况和对未来发展动态的预测，从各备选方案中选定一个，可称之为"抉择活动"。四是对已选的方案进行评价，可称之为"审查活动"。上述 4 个阶段每个阶段本身都是一个复杂的决策过程，如在第一个阶段，面对大量的情报，就要加以分析，决定取舍，其中就有决策。

为了提高决策的有效性，西蒙特别强调信息联系在决策过程中的重要作用。他把信息联系视为"决策前提赖以从一个组织成员传递给另一个成员的过程"，而被传递的"决策前提"则是以命令、情报或建议的形式出现的。信息联系是一个双向过程，包括从组织的决策中心向组织的各个部分的传递，也包括从组织的各个部分向组织的决策中心的传递。与巴纳德不同，西蒙对信息传递的非正式渠道更加重视，而把权力机构的"正式网络"放到次要的位置。他在《公共管理》一书中指出："在许多组织中，决策时利用的信息大部分是由非正式信息联系系统传递的，这些信息包括情报、建议、意见和某些命令，非正式信息联系系统是正式信息联系系统的补充，并有其特有的功能，可以更灵活、更迅速地适应事态的变化，省去许多文件和程序，但有时也难以控制。"他认为，当今是信息大量产生形成"信息爆炸"的时代，重要的不是获得信息，而在于信息的加工和分析，使之对决策有用。

在决策过程中，西蒙主张以"令人满意"的准则代替"最优化"准则。以往的管理者往往把人看成是以"绝对的理性"为指导，按"最优化准则"行动的"经济人"或"理性人"，事实上这是做不到的。西蒙主张以"管理人"代替"经济人"。"经济人"追求的是"最高值"，而"管理人"追求的是"满意值"，即在决策中寻求满意的或"足够好"的行动方案，"管理人"不用找出所有可能的备选方案即可进行决策，而且可以用比较简便易行的方法。在做决策时，"令人满意"不仅指决策的目标的实际方面，还包括决策实行后的副作用的防止和控制方面。西蒙在讨论可资使用的决策技术时将决策划分为程序化决策和非程序化决策。程序化决策是经常重复的例行活动,它们是按照预先拟定的明确程序做出的决策。非程序化决策则是常新的、没有既定结构的,是为解决那些没有固定解决办法的问题而进行的决策活动。一个组织应努力使自己的决策尽可能多的程序化。程序化的决策传统技术包括习惯、知识和技能、办公室例行公事和标准业务程序,以及组织的结构和素养。处理非程序化决策的传统技术则依赖选拔和培养素质好的经理人员。西蒙指出,决策技术的革命正在兴起,这场革命可以归结为数学分析、电子数据处理、电脑模拟等新技术的应用。随着电脑技术的进展,越来越多的程序化决策将变成程序化。

2.1.3　国内相关研究进展

1) 政治决策与决策体制

政治决策关系到国家和社会的发展方向,关系到社会资源的权威性分配,关系到社会中各种政治主体、利益群体的意志表达和利益平衡。在现实的政治生活中,社会中各种政治主体和利益群体都试图通过不同的方式参与和影响实际的政治决策过程。政治决策过程实际上是一种利益博弈、妥协和寻求利益平衡的政治过程。政治决策的过程分析是现代政治分析理论的重要路径和基本方法之一。以制度为分析的逻辑起点,从制度出发来分析政治过程则是历史制度分析理论的实际应用。

所谓制度,是由具有约束力的规则体系组成的,调整人们之间互动与合作关系的行为规则或规范。制度决定谁能参与政治活动,制度塑造政治行动者的政治策略,制度影响行动者的目标确立和偏好形成。由于决策参与者的偏好、动机的主观性及其所掌握的信息和面临的情境的不断变化,人们其实很难了解过去某种重大决策的具体产生过程及决策者的真正动机。但人们可以通过对过去决策体制主要变量之间因果关系的分析来解释某种政策产生的实际情境,从而揭示某种政策产出的原因。因此,诺思说"过去只有在被视为一个制度演进的历程时才可以理解"。

国家决策指代表一定团体的个人、政治组织(政党)或政府就国家和社会发展方向、目标、原则、方法、步骤,以及社会公共生活重大问题、重要利益关系调整而制定和选择行动方案的过程。国家决策是政治决策的核心内容,执政党和政府主要通过政治决策的制定和实施来实现领导。

决策指选择一个可供贯彻实行的方案的过程。形成决策通常由决策者(做出最后选择的人)和决策机构(所有参与决策的人组成的小组、团体或政府),通过分析信息、确定目标、提出方案、评价方案,最终做出选择。

决策体制是决策行为主体之间相互关系、决策权力配置、运行机制及决策方法、程序规范的总称。在决策体制中,决策结构、决策方式和决策机制是 3 个最主要的相互关联的部分。

2) 我国公共决策的文献综述

公共决策指公共组织在管理社会公共事务过程中所做出的决定,它是公共管理的重要环节,贯穿于公共管理整个过程的始终。学者们普遍认为,中国的公共决策可分为决策主体、决策流程和决策机制三大部分。

关于决策主体方面。周光辉在《当代中国决策体制的形成与变革》一文中,将我国公共决策主体分为中国共产党、人民代表大会、政府以及政府外决策机构四大部分。

关于决策流程方面。张国庆在《21 世纪初中国行政改革的十大关系及政策选择》文中提出,决策流程包括问题察觉→列入政策议程→目标确立→方案拟订→政策论证→合法化→政策执行→政策评价→政策调整→终结。合理的决策是一个从发现问题到最终解决问题的长期过程,其间需要不断地监督和调整。

关于决策机制方面。郭亚丽在《新时期领导干部决策方式的建构》一文中提出,中国当前主要有如下决策机制:察觉机制、信息沟通交流机制、公众参与机制、专家参与机制以及监督制约机制、协调机制。

在决策主体的现状和问题方面。周光辉认为当前中国决策主体的主要问题是党政决策职权划分不明,政府决策权受到束缚;人民代表大会制度发挥作用不够,潜力尚未发挥;作为最重要的决策主体,政府在决策中存在诸多问题;政府外决策机构的作用未发挥到位。

在决策流程存在的问题方面。郭亚丽认为,在我国目前的决策流程中,"问题察觉"与"政策论证"存在较大缺陷和不足,多采取"头痛医头,脚痛医脚"的简单模式,仅解决部分显现问题,政府和民众之间存在信息不对称。决策缺乏科学合理的论证。

在决策机制存在的问题方面。周光辉认为我国的决策机制对问题察觉不足和民众之间存在信息不对称,公众、专家及体制外机构参与度不够,缺乏监督和制约等弊端。

2.2 本书研究的主要理论基础

2.2.1 多学科融合的城市科学理论基础

亚里士多德的城市论言简意赅:"人们为了安全,来到城市;为了美好的生活,聚居于城市。"这是城市最基本的内涵。人类社会已进入"城市世纪",城市成为社会健康发展的关键和世界普遍关注的热点。随着经济全球化的进程,世界在面临城市问题更大挑战的同时,城市生机勃勃的发展过程和城镇化也创造了多种机遇。

现有文献对"城市科学"(Urban Science)尚无统一定义,作为人类建设、管理和改造更新城市的实践经验在理论与方法学层面上的系统总结,城市科学尚未形成独立的学科体系,目前大部分研究工作分布在自然科学、社会科学与工程科学的相关领域。突破学科界限,探索城市科学的多学科融合之路势在必行。

笔者认为,城市科学是以城市为研究对象的综合性科学,是自然科学和社会科学的有机结合,是基础科学和应用科学在城市的汇合,是建立在多专业学科交叉基础上而又超于专业学科的"科学前沿"和学科体系。城市研究涉及自然科学和社会科学的诸多方面,如经济学、社会学、人口学、史学、法学、哲学、美学、地理学、国土学、地质学、气象学、环境科学、生态学、城市规划学、建筑学、市政工程学、园林学、交通工程学、城市管理学、城市防卫学等多种学科。随着现代科学技术、经济和社会发展,城市作用将日益显著,城市科学的内容也将日益广泛和丰富。

城市科学,首先应对城市产生、兴衰和发展,对城市生命体及其可持续发展条件进行研究,以揭示城市本质、成因、机理、生存条件、系统运转、内在发展规律、外在表现特征和生产力,这些研究涉及国家和地区国计民生的发展需要,阐明城市在国民经济和社会发展中的地位与作用;涉及城市自然、历史、经济、政治、社会、文化、科技等各个方面,剖析各方面之间的内在关系及其运行轨迹所致的外部特征;涉及城市巨系统的构成要素和运转方式,透视维系其健康持续发展的脉络、中枢神经和支撑条件;涉及城市规划、建设、管理和经营,揭示城市成长发展的客观规律和发展目标,为城市科学规划、建设、管理和经营提供理论依据与发展战略。城市科学学科的研究成果有助于对城市发展建设的科学预见和正确决策,有助于城市全面、协调、可持续地健康发展。

　　研究城市科学应始终注重城市的基础理论问题,如城市的本质和起源,城市的基本形式和基本功能,城市物质环境的意义,城市自身的结构层次,城市与社会发展、经济技术发展之间的辩证关系,城市的社会意义与历史功绩,城市内部、外部的基本运动模式(人口流、物资流、信息流,城市运行及其产物)等等。城市的内部结构(社会结构、职业结构、人口结构、文化结构、空间结构、交通结构、建筑结构、基础结构、生态环境结构、资源结构……)、城市的外部结构,与周围农业、郊区的关系,与腹地的关系,与其他城市的结构关系,城市的管理机构及其合理体制,城市的社会效益概念,城市发展的客观制约等。城市发展范围广阔、影响深远,城市科学研究应反映人类生存环境的方方面面,时刻与全球各地各行各界的重大活动和重要会议密切相关。

2.2.2　决策科学的理论框架

1) 决策科学理论框架

决策科学指决策活动的方法论,研究从其他学科借用的科学方法在决策活动中的应用,包括决策方法学、决策行为学和决策组织学 3 个层次。决策科学内涵的框架和结构体系与决策科学产生与发展的历史有关。决策科学有两个来源,即统计决策论和组织管理学的决策理论。① 统计学中的统计决策论(Statistical Decision Theory),简称为决策论(Decision Theory,早期曾译为"判定理论")和古典决策论(Dlassical Decision Theory),经瓦尔德(A. Wald)扩展之后成为现代决策论(Modern Decision Theory)。② 组织管理学中的决策理论(Theory of Decision-making),由于权力分配最重要的问题就是决策权,巴纳德(Ch. Banard)和斯特恩(E. Stene)等人首先引入决策(Decision Making)的概念来说明组织管理中的分权问题;西蒙(H. A. Simon)探讨决策在组织中的地位、决策目标的冲突和协调、决策的判别标准以及决策的程序和方法等问题,提出以决策"管理人"观点为中心的一套理论,被称为现代决策理论(Modern Theory of Decision Making),有别于经济学中传统"经济人"观点,即古典决策理论(Classical Theory of Decision Making)。

　　综上两种来源,决策论(Decision Theory)指将统计分析、数学规划、多目标决策、模糊决策、人工智能等有效的定量分析技术方法应用于决策。而决策理论(Theory of Decision Making)则研究一个组织中决策的地位、程序和组织问题。人们已经普遍认识到决策在组织管理中的重要地位,不断使决策科学的两个来源相互交融,促进完整。决策论侧重于方法技术,可称之为决策方法学;决策理论侧重于组织问题,可称为决策组织学。二者是决策科学中相互补充的两个层次,一个中间层次是决策行为学,把一个个决策者的全部决策活动作为研究对象,要求决策者的全部决策行为实现总体科学化。决策科学内涵包括决策方法学、决策行为学和决策组织学 3 个层次,由此构成完整的决策科学理论体系。

2) 决策方法学

决策的方法学发展最快,内容最为丰富,很多方法被其他相关学科公认为科学方法。决策方法学侧重关注决策科学化活动中需要的基本概念、步骤、原则和方法,并研究分析方法在决策中的应用,主要课题包括:① 决策科学化的判别标准,既包括判别决策结果是否科学的标准,也包括判别决策过程是否合理的标准,如决策目标的判别标准,方案评价的标准以及风险允许的标准等;② 影响决策科学化的因素与条件;③ 决策全过程的合理步骤;④ 每个决策步骤所应用的科学方法,如问题分析与诊断的方法,决策目标的判别与选择的方法,决策目标、决策变量与状态变量三者间关系的确定方法,决策信息的处理方法,发现新主意或新方案的方法,方案的评价、优化与选择的方法,不确定因素(风险因素)的处理方法,多目标问题的综合评价方法等。解决上述问题的已有方法包括逻辑分析法、数学分析法、创造学法、系统学法、信息学方法、经济学方法以及试验法等。

3) 决策行为学

决策行为学是目前决策科学中最薄弱的环节,尚未形成系统研究,应着重关注的课题为以下几点。① 决策者行为的主客观约束。决策科学要求在决策活动中信息充足、实践充分,以及决策者素质高、能力强等等,从现实条件看,这些要求很难被完全满足。为此,西蒙的观点认为决策者是现实"管理人",而不是抽象的追求最高目标的"经济人",引起决策理论的根本变革。决策者行为的合理标准,具有综合性和相对性。综合性标准指判别决策者行为时应从决策者全部行为出发,而不应孤立判别他的每一个决策行为;相对性标准指在应考虑决策者主客观约束条件下的相对合理性,而不应是绝对合理性。② 决策者的合理行为模式。决策者行为由必须同步完成的各项具体的决策过程组成,各项决策应首先满足方法科学化的要求,考虑到决策者的主客观约束,以及必须同步完成各项决策的现实需要,每项决策均满足方法科学化的理性模式不应是决策者合理决策行为的唯一选择,而是决策者可选择的合理决策行为集合中的一种模式,决策者还可应用其他行为模式,或是把几种行为模式

结合应用或交叉应用,使其相互补充,以达到决策者综合行为整体最优的效果。如:

——重点用力的行为模式,分清轻重,狠抓重点,照顾一般,善于"弹钢琴",若对所有决策均不分轻重,平均用力,其结果可能连一项决策也无法实现科学化。具体的做法是决策者把需要同时制定或执行的诸多决策按其重要性进行排序,提出不同的要求,分配不同的权重,投入不同的时间和精力,对特别重要的决策要求达到最大的方法科学化,投入最多的时间和精力;对于次要的降低要求,投入较少的时间和精力。

——探试模式。现实条件下,由于信息与认识的局限,往往无法一气呵成完成决策,"走一步看一步"的试探模式成为方法科学化理性模式的必要补充,特别在信息条件非常有限的情况下可能成为主要的决策行为模式。20 世纪 80 年代兴起的反对唯理性主义的思潮,就是重视探试模式在战略决策中应用的一种体现。

——信息不足的决策模式。实际上大多数决策都是在信息不充足或不准确的情况进行的,为减少决策失误,或及时纠正失误,应对研究信息可靠性与决策灵活性和弹性空间的关系,信息价值与代价的关系,以及补充信息对方案选择的影响等课题引起重视。

——非理性因素参与决策的行为模式。非理性因素指除推理、分析、综合、判断等理性因素以外的其他心理因素,如直观、预感、灵感、潜意识等,这些非理性因素不可避免地参与人们的各项决策活动,影响着决策效率和科学化,若运用不好,如"拍脑袋",可能成为造成决策失误的关键因素。决策行为学应研究非理性因素在决策中的地位、运用以及同理性因素的结合应用等问题。此外,非理性因素中还有一个非常重要的因素——情感,它对决策的影响也不小,"人非草木,孰能无情",在决策活动中完全排除情感因素的作用是不可能的,只能采取措施适当控制。在决策活动中如何控制情感也应是决策行为学关注的课题。

——智力放大模式。借用自控制论,指借助外脑作用补充决策者智力不足,使决策者智力得到放大。在需要智力放大的条件下,不只需要对决策方案本身进行评价和选择,而且对外脑以及对方案提供者和选择者也需要进行相应的评价和选择,如同购物时,不仅要评价判断商品本身的质量,还需考虑商品商标与厂家信誉等。

4) 决策组织学

国外对决策组织学有较长的研究历史,国内研究尚缺乏。由于涉及因素更多,更为复杂,所以国外研究虽然时间较长,涉及面比决策方法学更广,但收效却不甚乐观。比较大的缺失是尚未对整个决策组织学的理论体系进行系统梳理。已有研究成果包括:① 联合决策问题,当参与决策的人员具有不同的价值观与要求时,如何达成共识并分享决策成果、分摊决策风险;② 决策分工体制问题,研究决策全过程中各职能环节的分工与组织体制,如信息系统、参谋系统与决断系统的分工与职责,以及这些子系统内部的组织体制,如信息系统的组织,决断系统的集体决策形式,参谋智囊系统的设置以及社会咨询系统的利用等问题;③ 决策的组织程序,包括决策权的分配,决策的合法手续与形式等;④ 决策的执行组织,执行决策往往需要调动比制定决策更多的组织力量,应对决策的部署(包括宣传、培训等)、具体行动计划以及执行中的监督给予足够重视,防止一项好的决策在执行中落空或走形。应对决策执行结果进行反馈、反思,或形成必要的修正,形成反馈制度;⑤ 组织内部决策目标的冲突与协调,由于组织内部之间和个人之间存在利益不同的特殊性,反映到决策目标上则产生矛盾和冲突,对整个组织的决策总绩效影响极大,为此,各个组织共同关心决策目标的协调问题,从西蒙起,决策组织学把这个问题作为研究重点之一;⑥ 非正式组织在决策中的作用,对决策组织中的非正式组织(所谓"信任组织")的研究比较少,已引起重视。

　　5) 应用决策学

　　由于决策科学不属于纯理论,本身实用性很强,可划为应用科学范畴,探讨其应用分学科的分类体系为时尚早。在实践活动中,工程项目决策中的可行性研究因特点较为突出,已逐渐摸索出自身特有的一些原理、规律和方法,并不是学科一般原理与该领域具体情况的简单拼凑,因而有其独立存在与探讨的价值。

3 中国城市发展和特色城镇化概貌

3.1 历史回顾

1952年,我国国内生产总值(GDP)为679亿元(其中第一产业比重50.5%),人均GDP 119元,城镇人口比重12%,呈典型农业国家和农村社会特征。以此为基础,新中国开始艰难的工业化过程,城镇化也随之起步。

新中国成立以来,我国城镇化进程大致可分为4个阶段:

第一阶段为1949—1957年的工业化起步时期,新中国开始进行大规模有计划的社会主义工业化建设,城镇化得到短暂健康发展。围绕156项重点工程和694项大型工业项目布局,在对东部沿海原有城市加以改造利用的同时,内地新建了一大批工矿城市,城市数由1949年的136个增加到1957年的176个,城镇化水平由1949年的10.6%上升到1957年的15.4%。

第二阶段为1958—1965年"大跃进"及国民经济调整时期,城镇化大起大落。盲目追求工业化速度的"大跃进"导致农村人口大量涌入城市,表现为过度城镇化的特征。城市数量由1957年的176个猛增到1961年的208个,城镇化水平从1957年的15.4%迅速上升到1960年的19.8%。1960年后国民经济进入困难调整时期,按照"调整、巩固、充实、提高"的八字方针,国家开始精简进城职工、压缩城市数目和城市人口,1965年城市数从1961年的208个减少到169个,城镇化水平由1960年高峰期的19.8%下降为1965年的18%。

第三阶段为1966—1977年"文革"时期,是城镇化发展倒退时期,城镇化进程停滞不前。三线建设的工业布局按照"山、散、洞"的方针强调分散,在西南、西北、鄂西等地形成了一批新型工业基地和新兴工矿业城市。"先生产后生活"的方针导致城市建设投资比重大幅度压缩,城镇建制工作陷于停顿,新设市和建制镇都减少,1976 年全国城市数为 188 个。加上城镇知识青年上山下乡和干部下放,全国城镇化水平在 1978 年仅为 17.92%。

第四阶段为 1978 年改革开放后,城镇化进入正常发展轨道。党的十一届三中全会确定以经济建设为中心的发展路线,城镇化走出倒退、停滞、徘徊困境,重新步入健康增长轨道。全国建制市数量从 1978 年的 193 个增加到 2011 年的 658 个,建制镇由 1978 年的 2 173 个增加到 2009 年末的 19 322 个,城镇化水平由 1978 年的 17.92%上升到 2012 年的 52.57%。

1978—1984 年为农村体制改革推动城镇化阶段,农业生产潜力集中爆发,为城镇化推进提供基本物质前提,城镇化主要模式是恢复性地先集中后城建。1985—1992 年为城市体制改革推动城镇化阶段,旨在扩大地方政府财政自主权、扩大企业经营自主权的政策措施对城市发展和城镇化进程产生巨大影响。1984 年新的户籍管理政策允许农民自带口粮进镇务工、经商、落户,同期,国务院又调整了 60 年代以来的市镇建制标准和新的设市标准,使全国城镇数量迅速增加,城镇化进程中出现资金来源多样化,乡镇企业迅猛发展和劳动密集型产业集聚成为城镇化主要动力等特点。1992 年 10 月党的十四大确立社会主义市场经济体制改革目标,城镇化和城市发展空前活跃,以城市基础设施建设和房地产开发起步的开发区建设成为城镇化的主要动力之一。2003 年以后进入统筹城乡发展阶段,至 21 世纪初,我国已初步形成包括大中小城市及小城镇在内的相对完整的城市体系。预计到 21 世纪中期,中国城市将会达到 800 个左右。

3.2　演进特征

一是起点较低、波动起伏、速度逐渐加快。1949 年,我国城镇化水平仅为 10%左右,不到当时世界城镇化平均水平 28%的一半,也低于发展中国家 16%的平均水平。1949 年后我国城镇化进程随经济社会发展的跌宕起伏而曲折推进。为尽快完成工业化积累,我国曾长期实行城乡分割、重城轻乡、重工抑农的体制和政策,限制人口城乡流动,又经历 1958—1965 年国民经济剧烈波动和十年动乱的极大破坏,使我国工业矛盾和城乡对立加剧,城乡二元结构日益强化。改革开放后,我国城镇化总体进入较快增长的健康轨道,城镇化与经济社会发展的关系由不相适应逐步趋于相互协调、相互促进。但也曾出现"建制城镇化"或称

"表面加速"的特征,即城市数量增长很快,但农民迁居城市的闸门仍然紧闭。

二是城镇化动力机制由二元模式向多元主体推动转变。由于经济体制和经济推动主体的不同,城镇化动力机制可分为自上而下和自下而上两种来源。① 自上而下是以政府(尤其是中央政府)为主体、主要依靠行政手段推动的城镇化,曾是我国计划经济体制和计划经济向市场经济转轨初期城镇化的主要模式。② 自下而上是指农民和乡村集体自筹资金发展乡镇企业推动农村地域向城镇转变和人口向小城镇集中的一种乡村城镇化模式。③ 随着市场经济体制逐步确立,我国城镇化动力日益复杂,由二元模式向多元主体推动,地方政府和企业等成为城镇化进程的重要力量。

三是农村劳动力持续向城镇大规模流动。改革开放后,我国城镇人口增长规模空前,占世界比重不断提高,已从 1980 年的 11% 增加到 2009 年的 18%。在农村人口仍占多数、经济社会体制深化改革的背景下,我国城镇人口的增加主要来源于农村人口的跨地域流入。《世界城市化展望 2009 年修订版》指出:"中国在过去 30 年中城市化速度极快,超过了其他国家,目前全球超过 50 万人口的城市中,有四分之一都在中国。"中国正经历着人类历史上最大规模的由农民向市民、由农业向非农就业的大转移,且这种转移的速度是惊人的。

四是城镇化发展呈现区域非均衡状态。由于自然环境、区位条件、经济发展水平、区域发展政策以及历史发展基础的不同,我国城镇化发展一直存在较为明显的地域差异,总体维持自东部地区相对较高向中西部地区相对较低梯度递减的格局和态势。改革开放前,国家实行区域均衡政策,发展重心放在中西部,那里的城市建制增加较多;改革开放后,非均衡发展成为区域发展政策的主流,在经济力量的推动下,东部地区明显快于中西部地区。

五是城市群成为城镇化的主体形态。城市群的形成和发展成为我国现代城镇化进程的重要特征和趋势。《全国主体功能区规划》已明确提出要着力构建"两横三纵"为主体的城市化战略格局,推进环渤海、长江三角洲、珠江三角洲地区的优化开发,形成 3 个特大城市群;推进哈长、江淮、海峡西岸、中原、长江中游、北部湾、成渝、关中—天水等地区的开发,形成若干新的大城市群和区域性的城市群。

3.3 动力路径

3.3.1 动力机制与模式

任何事物发展都是由多种因素共同起作用的。动力是直接促动事物发展的基本因素，决定事物的发展状态和方向。马克思主义历史发展观认为，生产力是社会发展的根本动力。作为现实的社会，城市的发展也由生产力状况所决定。生产力发达，城市繁荣；生产力落后，城市衰退。不同的生产力成分，对城市发展的作用及影响也不同。有什么样的生产力成分，就有什么样的城市。实践证明，城镇化由政治、经济、文化、社会等多种因素共同起作用，城镇化进程的主要动力是社会生产力。

生产力由劳动者、劳动资料和劳动对象，以及资金、技术、管理等多种要素构成，受生产关系和思想意识等多种因素影响。最基本、核心、重要的生产力要素是人，是劳动力。在社会化大生产条件下，劳动力通常有 3 种基本成分：劳动者（如科技人员），辅助人员（如后勤服务人员），领导者（如管理人员等）。劳动者人数最多，是劳动力主体；领导者数量少，但占据主导地位，生产劳动过程由领导者组织、管理和掌控。生产力中的关键主导因素是领导者。领导者决定着劳动资料的支配，决定着劳动方式和劳动对象的选择，决定着劳动成果的分配等。领导者对生产力发展具有决定性影响作用。生产力性质主要是由领导者的身份、能力、性格及价值取向所决定。劳动者和辅助人员与领导者之间的矛盾，构成生产劳动全过程最基本的社会矛盾，不仅影响生产力发展状况，也直接影响城镇化进程。

劳动力成分之间，特别是劳动者与领导者之间的关系及其推动生产力发展和城镇化进程的作用机理，可称为城镇化的动力机制。不同的动力机制条件使城镇化呈现出不一样的形式和特征。这种由动力成分及其作用机制所决定的城镇化形式和特征，称为城镇化的动力模式。

劳动力中的主导因素，即领导者在主导城镇化进程，城镇化动力机制及其模式因主导因素而异。有什么样的主导因素，就会形成什么样的动力机制及动力模式。主导因素的变更导致动力机制的转变，城镇化模式也随之产生相应的变化。

对城市发展和城镇化产生直接推动作用的生产力，是第二产业部门的工业和服务业。

改革开放以来,我国的经济社会发生巨大变化,主要表现在经济总量和规模的扩张以及经济成分的多样化,工业经济快速发展和壮大,公有制工业所占比重逐年下降,非公有制工业迅猛扩张,已从计划经济时期单一的公有经济发展到公有、民营和外资3种经济成分共存。民营经济成为我国经济活动的主体,为城镇化提供强劲动力。黄顺江提出,改革开放以来,随着动力成分和动力结构的变化,中国城镇化动力机制和模式出现多样化的趋势。主要有3种:计划机制、市场机制和外向机制。

3.3.2　计划机制

我国是社会主义国家,一直实行公有制为主体的基本经济制度。计划经济时期是高度集中的管理体制,国有经济由政府代表全民行使管理权,全国一盘棋,上下一本账,一切经济活动听从于中央的指挥和安排,公有经济特别是国有经济占有绝对的统治地位。集体经济虽然不受政府的直接管理,但受所属行政组织的支配,从而间接纳入政府的管理体系之中。在公有经济的基础上,政府建立起一套庞大而统一的管理体系,以中央政府为核心,依托于行政体系而运转,实现政治和经济的统一。

改革开放后,随着市场经济发展,我国计划经济管理体制逐渐为市场经济管理体制所取代。市场经济也需要宏观调控,特别在经济全球化背景下,影响经济发展的内外因素大量增加,迫切需要强有力的管理机构进行及时有效的宏观调节,以保持经济和社会的平稳发展。我国的市场经济管理体制仍然保留了一些计划经济时期的手段和功能,如发展规划、宏观调控、监测监督等。政府,特别是中央政府把握全局,对社会经济发展有着强大的调控能力。政府主导、依托于行政系统而运转、以公有经济为基础的集中管理体制,无论过去、现在,还是将来,都对我国社会经济的发展,包括城市发展和城镇化,产生重大影响。

我国的集中管理体制以政治—经济管理体系为载体,具有以下特点:一是以政府为中心;二是覆盖全社会,包括政治、经济、文化等所有领域、行业、部门、地区、阶层和群体;三是等级严明,其运行规则是上级支配下级,下级服从上级;四是自上而下的运行机制,一切决策由最高行政中枢做出的从上到下逐级传达和执行;五是政治利益高于一切;六是政府最高首脑具有绝对、全面的权力。

借助于这一强大的政治—经济管理体系及集中管理体制,政府可以大规模动员和组织全社会力量投入到经济发展和城市建设活动中。在参与政府主导的经济发展和城镇化过程中,广大民众既可以得到直接的劳动报酬,分享到经济发展和城镇化的部分成果,还可以获得一定的社会地位和政治利益。民众参与、政府主导的经济发展和城市建设活动的积极性高,主人公意识强,创造能力得到最大程度的发挥,参与的规模和范围大。经济发展和城市建设步伐加快是各级政府,尤其是领导干部的政绩,可以积累政治资本,各级官员主导或参与经济发展和城镇化的积极性更高,主动性更强。政府和民众的力量合在一起,成为推动经济发展和城镇化进程的巨大动力。

这种由政府主导并以公有经济为基础推动经济发展和城镇化进程的作用机制可称为计划机制。在计划机制作用下形成的城镇化模式,即为计划模式,自上而下的城镇化模式。

计划机制的核心是政治利益。政治利益是第一位,是广泛的。政治利益以其他利益为基础,特别依赖于经济利益。在市场经济条件下,人们通常会通过努力先获得经济利益,再用经济利益换取政治利益,成为计划机制作用于经济发展和城镇化的动力所在。在计划机制下,任何人所从事的活动,归根结底是为了获取更多更大的政治利益。有了政治利益,其他利益就有了保证。优先获得政治利益必须接近政治中心,政治中心权力最大,掌握资源最多。因此,计划机制的一条基本规律是任何人的活动都趋向于政治中心。计划机制作用下的城镇化具有以下特征。

第一,城市发展以行政系统为母本。政府主导经济发展和城市建设,所有的发展活动会优先安排或集中在政府所在地周围。城市发展与政府自身发展紧密联系在一起,政府级别高,城市规模大;政府级别低,城市规模小。城市是政府自身的写照,或是其化身。城市之间的关系主要是行政性的关系,如上下级或平级,或互不隶属的无关系。

第二,城市发展的整体性强。政府具有统帅全局、协调整体的功能,善于统筹各部门和各领域有计划按比例发展,发展容易达到均衡,社会较为协调。无论在城市内部各领域、各部分和各群体之间,还是在不同地区和不同民族的各城市之间,大体上能够做到协调一致、共同发展。

第三,城市发展规范。中国政府是公平和正义的代表,由政府主导的经济发展和城市建设活动更符合正统,比较规范,符合大多数人的根本利益,社会矛盾和摩擦少,发展较为平稳。

计划机制作用下的城镇化进程,由政府借助行政力量来推动,发展全面、规范、稳定,战略性强,宏观效率高。该机制的劣势主要是重上轻下,微观效率低。政府是统一的决策指挥中心,各组织和个人的自主能动性会受到一定程度的抑制,基层群众的创造能力不易得到充分的发挥。经济发展和城镇化的可持续性较差,需要其他机制予以克服和弥补。

3.3.3 市场机制

改革开放打破计划经济单一的发展模式,为市场经济开拓出广阔的发展空间。市场调动起社会力量发展经济的积极性,促成民营经济的快速崛起。民营经济与公有经济的最根本区别和最大优势是,民营经济的每一位参与者都是独立的经济利益主体,能够为实现个人直接利益目标而自主选择安排个人活动,不受他人支配,个人积极主动性和创造能力可得到最大程度的发挥,微观效率高。

民营经济无统一组织、管理和协调机构,受政府部门及其管理体制的约束较少,主要受市场的调节和刚性约束。市场机制有3条基本规律:一是供求关系决定商品价格,二是资本实力决定市场地位,三是经济效益决定市场前景。民营经济效益和效率较高的优势可弥补公有经济的缺陷。改革开放以来,民营经济获得迅猛快速发展,已取代公有经济成为我国经济的主力军。

在市场经济条件下,市场机制既作用于经济活动,也作用于城镇化。广大民众被市场动员和组织起来,大规模投入到经济发展和城市建设活动中去,推动着城镇化进程。

市场机制的核心是经济利益。投资者并不是为了城镇化的直接目标而发展经济,而只是为了实现自己利益的最大化才去投资建设;广大民众,尤其是流动性的农民工,积极主动参与城镇化的目的也是为了实现生活更加美好的愿望。市场使资本拥有者和广大民众走到一起,并通过城镇化使二者的利益得以实现。市场机制下的城镇化主要是由利益机制发挥作用的,因其可以为广大民众带来福利,所以规模更大,动力更足。

在市场机制下,为获得更多的经济利益,人们的活动趋向于市场,特别是资源多、利润丰厚的中心市场。市场机制的基本规律是所有人的活动趋向于市场中心。资本是市场机制的主导因素,经济发展和城镇化的主导力量是投资者。在市场条件下,经济和城镇化活动是参与者个人的自主行为,因此,市场机制的作用力是自下而上传达。在市场机制的作用下,城镇化形成与计划机制不同的形式和特征,即市场模式,或称为自下而上的城镇化,具有以下3个特征。

一是城市发展以市场为母本。市场环境下的经济活动主要靠市场来组织。有市场,经济活动活跃;无市场,经济活动抑制。资本拥有者和一般劳动力都需要依托于市场而生存。有市场,就有民营经济,就会带动城镇的发展。有什么样的市场,就有什么样的城市,城市性质随市场功能的变化而变化。市场的规模越大,级别越高,城市越发达。

二是城市的专业性强。为追求效益和效率,提高竞争力,市场经济活动日益专业化。依托市场而发展的城市,也朝专业化的方向发展,如制造业基地、金融中心、交通枢纽、旅游城市等。各城市之间建立起密切的经济联系和市场分工,共同构成区域完整的市场经济体系。城市之间的联系以市场为纽带。

三是城镇的乡土性浓厚。我国处于社会主义初级阶段,城乡差距较大。在计划经济时期,有政府主导和计划体制的约束、国有经济的支撑,城市的发展虽然效率较低,但较为规范。农村是计划体制的外围,以集体经济为主,规范性较差,但乡土气息浓厚。我国的改革首先从农村开始,在农村启动市场化进程,乡镇企业快速发展,很多农村走上城镇化道路,但这种工业化和城镇化的质量和水平都不高,而且乡土性浓重。城镇建设以及已城镇化农民的经济水平和生活质量,与普通城市和市民有着明显的差距。进入城市工作的农民工因融不进城市而退居城乡接合部,或城中村。这种农村地区的城镇化,以及城市中的农民工、城中村和城乡接合部现象,即所谓的"半城镇化",前者是地域景观上的半城镇化,后者是社会景观上的半城镇化。半城镇化的核心是农民工或已城镇化农民的收入水平低,生活和居住条件不达标,过多地保留了原来的农村生活方式和社会面貌。

3.3.4 外向机制

中国在推行改革的同时,实行对外开放,积极吸引外资,使外资经济迅速发展壮大。与民营经济一样,外资经济也属于市场经济成分,受市场机制支配。同时,作为外来成分,外资经济受外部因素影响。改革开放初期,国家和各地方为吸引外资,实行大量优惠政策,使外资企业在中国可以低廉成本开展生产和经营活动,到中国投资的外资能获得更高利润,成为中国外资经济的主要动力。外资和内资都在利用国内、国际两个市场在商品价格及要素结构上的差异,优化资源配置,提高生产效率,获取更大的经济收益。外向经济主要受外向机制的支配。外向机制的基本规律是越接近国际市场核心,经济效益越高;离国际市场越远,经济效益越低。改革开放后,由于沿海港口最接近国际市场,在外向机制的作用下,国内资金和生产要素向沿海大规模聚集,导致国民经济从内地指向沿海并趋向于国际市场的外向型结构。沿海地区迅速发展成为新兴经济增长基地和对外开放龙头,在国内经济舞台上的地位显著提升,对世界经济也产生了影响。

外向机制在作用于经济活动的同时,也作用于城镇化。外向机制建立在市场机制基础上,是一种利益机制,外向经济利益将国内外生产要素组合在一起,并大规模地投入到外向经济活动中去,推动城镇化进程。外向经济和外向机制的主导力量是外资,获利最多的是外来投资者,主要是国际上的大资本。

外向经济活动的向海趋势使我国东部沿海地区发展迅速,城镇化也从东部沿海最先起步,向内地推进。这种由沿海指向内地的城镇化过程和模式,为外向模式,也称为由东向西的城镇化,具有如下特征。

一是城市发展以国际市场为母本。市场机制以国内市场为基础,外向机制以国际市场为基础。外向机制以国际大都市或国外某著名城市为发展目标;国际经济和市场要素在城市中得到优先和充分发育;外向城市积极融入国际市场经济体系并扮演一定的角色。

二是城市发展的专业性更强。国际市场对国际分工要求更加严格,竞争更加激烈。外向机制下的城市必须朝专业化的方向发展,国际市场分工更细,专业化程度也更高。

三是国际化程度高。外国人随外资进入中国,出现城市的国际化现象。社会景观、文化景观发生变化,外国人的语言文化、思想观念、行为准则以及生活方式和工作方式逐渐影响到周围的中国人,并在城市中传播。市场规则发生变化,国际上通行的市场规则,如法规、准则、标准、制度等,逐步在外向经济活动和城市中普及和推广。最后导致城市景观发生变化,外国人使用的生活用品、设施、建筑在城市中不断增加并扩散,改变城市面貌。外国人聚集地段最终复制本国或国际上某著名城市的生活和居住环境。凡外国人聚集的城市,与中国本土的传统城市会呈现出不一样的风貌。

3.4 发展趋势

3.4.1 城镇化的一般规律

目前较为普遍的共识认为,城镇化是经济发展的必然结果和空间表现形式,城镇化具有综合性的发展规律,其进程既具有自身的客观规律,也与经济发展规律密切相关。

诺瑟姆(R. M. Northam)在 1970 年代提出城镇化"S"形曲线,根据城镇化率 u 的数值,可对城镇化进程细分为:$u<10\%$ 为城镇化之前阶段,城镇化率增长缓慢,处于低水平稳定;$10\%\sim20\%$ 为城镇化起步期;$20\%\sim50\%$ 为城镇化加速期,城镇化速度加快;$50\%\sim60\%$ 时城镇化处于临界完成阶段,城镇化速度放缓;$60\%\sim75\%$ 时为基本完成阶段;$>75\%$ 时城镇化进程处于相对稳定的发达阶段。以上进程可大体分为城镇化初期(30% 以下)、城镇化中期($30\%\sim70\%$)、城镇化后期(70 以上)3 个阶段。国内学者陈彦光等通过复杂的数理模型推导,将城镇化加速阶段又分为加速和减速两个阶段。城镇化速度的最大值理论上应在城镇化水平最大值的 1/2 处,经过此拐点以后,城镇化速度逐渐下降。按照联合国数据,2009 年美国城市化水平为 82%,英国为 79.5%,而它们已经进入城镇化成熟阶段的后期。对比观察我国城镇化发展实际,2009 年我国城市化水平已经达到 46.59%,基本可以判断我国已迈过城镇化速度的拐点,从"加速"向"转速"转变。

钱纳里等实证分析了城市化与经济发展关系模式。一般认为工业化是城市化的经济内涵,城镇化是工业化的空间表现;工业化是因,城镇化是果,城镇化本质上是满足人口对城市工作和城市生活需要的过程,主要表现为人口、土地和产业从农村向城市的集中,但城市化在一定程度上也可以反作用于经济发展,两者共同构成当代经济社会发展的主旋律。城市化的外部经济效益,可以带动产业集聚、企业集群。同时,城市化会促进信息化,而信息化又推动着社会经济各方面的变化和发展。此外,基于积极效应的互动机制探讨也发现,不合理的城市化会通过多种方式阻碍经济社会发展,例如规模不经济、资源环境约束等。

城镇是由传统的农业社会向现代社会发展的转变过程,这个过程具有人口、经济、社会等丰富内涵,Fredmann 指出"城市化是多维的包含社会空间的复杂过程"。城镇化主要包括四方面的内容:① 人口城镇化,是人口不断向城镇集中的过程,与经济基础、产业结构、社会转型、资源环境等密切相关;② 土地城镇化,是地域景观由农村向城市的转变;③ 经济城镇化,经济结构由农业向第二、第三产业调整,劳动力就业从农业向第二、第三产业转移;④ 城市文明的传播和生活方式的转变。

认识城镇化的综合性规律应重视城乡关系和支撑系统两个重要问题,城镇化是长期积累和长期发展的渐进式进程。首先城镇化不是单纯某一个城市的问题,而是城乡统筹协调的区域发展问题,城镇是劳动力、人口、土地、产业、文化、制度等要素在城乡区域大规模长时期的迁移、转变过程中逐步发展形成的,城乡关系是城镇化的重要内容,城乡之间是彼此孤立还是互动互促,关系到城镇和区域的长远发展。"城乡一体化"的核心和本质就是让农民进城,解决户籍、土地、就业、社会保障制度等的限制和障碍,使其享受与城市居民同样的待遇。其次,城镇化快速发展需要多维支撑系统。城镇化是经济结构、社会结构和生产方式、生活方式的根本性转变,涉及经济社会的全面调整、转型以及资源、环境、生态、基础设施的多维支撑,这种投入是巨大的。

3.4.2 我国城镇化的发展趋势

在城市发展内在机制的作用下,我国城镇化呈现以下发展趋势。

一是城镇化仍将保持较高的增长速度。积极稳妥推进城镇化依然是我国现代化建设的战略方向。经过几十年的快速发展,我国城镇化水平得到了大幅度的提升,但和发达国家相比水平仍然偏低。2009 年,和世界发达国家的平均水平(74.9%)相比较,差距达 28.31%,就是和世界平均水平(50.1%)相比较,还低 3.51%。因此,实现更高的城镇化水平是我国必须长期坚持的建设目标,21 世纪上半叶是中国的城镇化稳步推进、走向成熟的重要阶段。

二是城镇化发展由注重数量、速度向注重内涵、质量转变。随着科学发展、和谐发展、可持续发展理念的普及推广,特别是建设"美丽中国"、重视生态文明的提出,我国城镇化将由数量扩张为主的增长,向数量规模扩张与城市功能内涵提升、生态环境和谐促进并重的发展转变。按照城镇化的一般规律,在不同发展阶段,城镇化特征和主要任务不同。在城镇化中后期(50%~70%),城市人口比重超过农村人口比重,社会经济的发展已经从传统农业社会步入现代城市社会。城市生产方式、生活方式等逐步向广大农村地区渗透。城镇化主要表现为城市内涵的提高,城市功能的完善和延伸,至城镇化中后期,随着城市现代化建设的逐步完成和城市文明的广泛普及,真正实现城乡社会发展一体化。

三是城镇化区域差异将长期存在。在市场机制作用下,我国区域城镇化发展不均衡的状况仍将持续。仅从城镇化率预测,各地差异将逐步缩小。但由于各地区所处城镇化发展阶段不同,发展任务和重点将不同。全国范围内人口仍将保持在更大区域空间流动的趋势。

四是面临较为严峻的资源和环境约束。我国人口众多,资源相对不足,土地资源尤为紧缺,人均耕地仅相当于世界平均数的 1/3。我国有 400 多个设市城市缺水,其中华北地区的部分城镇严重缺水,水的供需矛盾越来越突出。水土流失、环境污染、生态破坏等也对城镇的发展布局产生重大影响。

4 城市决策的对象、需求与目标

城市的概念、起源与发展

4.1.1 城市(城镇)的本质与内涵

1) 概念、定义与理解

从中文字面理解"城市"概念,分"城"和"市"两部分。"城"指被城墙所包围的空间,是防御功能的概念;"市"是交易的市场,是贸易、交换功能的概念。城市起源于"城"和"市"的结合。在城市发展的初期,"城"和"市"之间有必然的联系。有城必有市,在城内居住的人口,脱离农业、游牧业、采集业后,必须通过市场交换获得生活必需品。有"市"也必有"城",当人们固定在某个地点进行长期交易,形成规模后,必须建立城墙,由"城"来保护"市",避免遭受侵略和掠夺。工业革命后,工业文明和现代社会的城市高度发展,需要重新认识并界定城市的内涵范畴,此时的"城"与"市"概念已发生颠覆性的变化。城防超出城市边界,完全由国防取代。传统市场随经济全球一体化进程,被更加广义的市场取代。随着历史的发展,城市的内容、功能、结构、形态不断演化,从某一方面、某一角度给城市下定义不可能概括城市这一包罗万象的事物的本质。

《辞源》(修订本)(商务印书馆,1986)第一册 0603 页定义"城市"为"人口密集、工商业发达的地方"。《中国大百科全书(建筑、规划、园林)》补充"城市是依一定的生产方式和生活方式把一定地域组织起来的居民点"。《汉语大辞典》补充"城市通常是周围地区的政治、经济、文化中心"。《中国大百科全书(地理类)(经济类)》补充"城市一般人口数量大、密度高、职业和需求异质性强"。《新牛津英语词典》(*The New Oxford Dictionary of English*,上海外语教育出版社)定义"city: a large town. The city centre. A town created a city by charter and containing a cathedral. A municipal center incorporated by the state or province",定义 "town: an urban area with a name, defined boundaries, and local government, that is larger than a village and generally smaller than a city."

从经济地理的角度来看,城市的产生和发展同劳动的地域分工的出现和深化分不开。社会学家把城市看做生态的社区(Ecological Community),并认为城市是社会化的产物。经济学家认为所有的城市都存在人口和经济活动在空间上的集中这一基本特征。市政管理专家和政治家过去把城市看做法律上的实体;现在则把它看做公共事业的经营部门,提倡有效的规划和管理。生态学家把城市看做人工建造的聚居地,是当地自然环境的组成部门。有的建筑学家认为,城市是多种建筑形式的空间组合,主要是为聚集的居民提供具有良好设施的适宜于生活和工作的体形环境。

随着城市研究的逐渐深入,人们对城市本质的认识也不断加深。从城市是依某种方式组织一个地区或更大的腹地的聚居单位这种观点出发,可以认为城市是一个从住房—聚居体系到聚居—聚居体系以致聚居—区域体系的发展过程。中国有的学者提出,城市可以看做是一定地域中的社会实体(由各种社会阶层组成)、经济实体(存在各种生产结构)和科学文化实体的有机统一体。城市还是载负上述活动的物质实体,因为城市是在一定的自然环境中由房屋、街衢和地下设施等构成的实在的空间形体。无论在发达国家还是在发展中国家,城市都蓄积着某一国家大部分人才、物质财富和精神财富。有的学者更以"系统"的观点进一步指出,"现代化城市是一个以人为主体,以空间利用为特点,以聚集经济效益为目的的一个集约人口、集约经济、集约科学文化的空间地域系统"。

概括起来,对城市可有如下认识:城市聚集了一定数量的人口;城市以非农业活动为主,是区别于农村的社会组织形式;城市是一定地域中在政治、经济、文化等方面具有不同范围中心的职能;城市要求相对聚集,以满足居民生产和生活方面的需要,发挥城市特有功能;城市必须提供必要的物质设施和力求保持良好的生态环境;城市是根据共同的社会目标和各方面的需要而进行协调运转的社会实体;城市有传承传统文化,并加以绵延发展的使命。随着时代发展,对城市本质的认识还将继续深化。

城市由许多要素(或部门)组成。这些要素分为基本要素和非基本要素。

基本要素:组成城市的基本要素是一个城市形成和发展的经济基础,是决定城市人口和用地规模的主要根据。主要包括：① 工矿企业（不包括其产品只供应本市的企业），如工厂、电站、矿山等；② 对外交通运输设施，如铁路、水运、民航和汽车运输等；③ 国家物资储备仓库等设施；④ 非本市性的行政经纪机构，如中央、省（直辖市）、自治区、地区的党政机关、经济机关和社会团体；⑤ 科学研究机构；⑥ 高等院校和中等专业学校；⑦ 承担基本建设任务的建筑安全企业；⑧ 其产品大部分不为本市服务的而在市界以内的农牧业，如某些特殊的种植园、养殖场、饲养场等；⑨ 疗养机构和旅游设施，如疗养院、休养所、旅馆以及不包括在本市保健系统内的专业医院和军医院等；⑩ 在特殊情况下，还包括军事设施等。

非基本要素：为本城市居民的物质和精神生活需要服务的机构和企业。它们的规模是根据城市规模和当地的条件来确定的，主要包括：① 其产品只供应本城市居民需要的工业企业；② 基础教育系统；③ 市属卫生系统；④ 服务本城的商业系统；⑤ 服务本城居民的服务业系统；⑥ 城市公共交通设施；⑦ 体育设施；⑧ 文化娱乐设施；⑨ 住宅和公共建筑的维修机构；⑩ 市政公共设施；⑪ 本市的党政机关、群众团体、经纪机构等；⑫ 市属邮电机构。

2）统计上划分城乡的规定

我国国家统计局制定的《关于统计上划分城乡的规定》（国函〔2008〕60 号）从各类统计及与统计有关的业务核算的角度，提出："不改变现有的行政区划、隶属关系、管理权限和机构编制，以及土地规划、城乡规划等有关规定。以我国的行政区划为基础，以民政部门确认的居民委员会和村民委员会辖区为划分对象，以实际建设为划分依据，将我国的地域划分为城镇和乡村。实际建设是指已建成或在建的公共设施、居住设施和其他设施。城镇包括城区和镇区。城区是指在市辖区和不设区的市、区、市政府驻地的实际建设连接到的居民委员会和其他区域。"

"镇"从行政设置上讲，在中国古代往往是在边要形胜之地设镇，设置镇使、镇将，驻兵戍守，即所谓的"设官将禁防者，谓之镇"；而目前我国所说的"镇"，根据国家统计局制定的《关于统计上划分城乡的规定》，"镇区是指在城区以外的县人民政府驻地和其他镇，政府驻地的实际建设连接到的居民委员会和其他区域。与政府驻地的实际建设不连接，且常住人口在 3 000 人以上的独立的工矿区、开发区、科研单位、大专院校等特殊区域及农场、林场的场部驻地视为镇区。乡村是指本规定划定的城镇以外的区域。"

"城镇"这一概念在我国有多种含义：

一是上述提到的国家统计局制定的《关于统计上划分城乡的规定》中所规定的在我国市

镇建制和行政区划基础上划定的城区和镇区。这一含义可以看做是城镇的一个广义含义。

二是指我国行政区划建制意义上的镇,是与乡平级的一种行政区划层次,属于县、县级市或市辖区管辖,它介于城市与农村之间,包括县城关镇和建制镇。

三是属于建制镇的镇区部分。

目前我国还广泛使用"小城镇"一词。"小城镇"一般是指建制镇的镇区,包括县城关镇和实行镇管村体制的建制镇的镇区。在我国,无论是否设区,在行政区划名称中有"市"的均属城市范畴。而建制镇镇区以外的区域在经济和社会各方面实质上都体现为农村特点,不具有城镇的特征,不应属于小城镇范畴,应为乡村。乡村包括集镇和农村。

在我国,城市和城镇两个概念有着较为复杂的关系。一般来说,城镇包含城市和镇,如上述提到的国家统计局制定的《关于统计上划分城乡的规定》,"将我国的地域划分为城镇和乡村……城镇包括城区和镇区"。而2008年施行的《中华人民共和国城乡规划法》则将城市和镇分开,其第三条规定:"城市和镇应当依照本法制定城市规划和镇规划"。

国际上一般不使用"城镇"这一概念,英文中"City"与"Town"仅用来区分城市的规模而已,前者是按规模区分的一般性城市序列,后者是按规模划分城市序列的最低层次。如英国《简明不列颠百科全书》在给城市下定义时,认为城市是一个"比城镇和村庄规模更大,也更为重要"的"永久性的、高度组织起来的人口集中的地方"。另外,许多国家以及世界银行都把"镇"划作农村,将"城市"而不是"城镇"作为与农村相对应的概念。

对《城市规划基本术语标准》(GB/T 50280—98)进行全面修订的《城乡规划基本术语标准》(征求意见稿)提出,城市(City, Urban)指"以非农产业和非农人口集聚为主要特征的人类聚落"。也泛指市政府管辖的行政区域,或者直管的市辖区范围。一般来说城市包括建制市和镇,在《中华人民共和国城乡规划法》及之后出台的部分法律法规条文中,城市特指县城及县级市以上的建制市。本书所称的城镇泛指市政府管辖的行政区域,即城市全部区域。

市(Municipality, City)指"依法设定的市建制的行政区域"。

在我国有直辖市、地级市和县级市之分。在《中华人民共和国城乡规划法》及相关法律法规条文中,"市"有时等同于"城市"。

镇(Town)指"依法设定的镇建制的行政区域"。也指镇建成区域,即镇区。

乡(Township)指"依法设定的乡建制的行政区域"。

村(Village)指"农村人口集中居住形成的聚落,亦指设立村民委员会的基层自治单位",包括自然村和行政村两重含义。

4.1.2　中国城市的起源与发展

1) 城市发展历史

刘易斯·芒福德认为:"城市是政治家、哲学家、经济学家、历史学家、艺术学家、思想家、地理学家、城市规划专家所研究的对象。城市不仅仅是一个土地空间、经济空间、文化空间,而且是一个更高文明层级的社会空间。对于这样的研究对象,仅仅从城市规划角度去研究它,那是远远不够的。城市研究需要渊博的学识,深邃的目光,敏锐的思想,和为人类担当的责任。"城市既是文明发展的容器、承载者,也是文明物质化的外在表现形式,相当于一个社会或整个社会的大部分。探索一座城市就是了解人类文明状况,回顾城市的起源发展等同于整个中国甚至世界的历史。

城市的形成有着复杂深刻的历史文化和文明的背景,也受地理因素和社会因素的影响。中国城市发展的起源和王权的历史紧密结合在一起。《吴越春秋》中记载筑城的目的在于"筑城以卫君,造郭以守民"。中国自秦以后,城市大多数是中央集权政府对全国进行统治的各级政治中心和军事据点,因而城市的政治军事意义重于工商业意义。在中国封建社会中,城市和地方的文化是中央集权体制下等级制度的产物。不仅城市有一定的形制,按规划进行建设,而且城市在地理分布上也比较均匀,通都小邑组成较为完整的城镇体系。这反映出中国封建社会的城市规划水平高于同时期世界上其他地区。

从历史上看,城市的发展有两种主要的方式,一是有机生长方式。即城市长期地在一定的地理条件和社会经济条件下自发地演变。二是规划建设方式。按一定意图或模式有计划地建造城市。城市设计的意图除受到地理条件、社会经济结构、历史传统的影响之外,还受到决策人和规划者倾向性的影响。由于城市发展的复杂性和多元性,往往在同一城市中两种方式兼而有之,或在一段时期内以某一种方式为主。马克斯·韦伯认为中国城市缺乏西方城市那样独立的政治自治地位,是作为附属依赖于皇室,故而中国城市的发展,主要并不是靠城市居民在经济与政治上的有所作为,而是有赖于皇室统辖的功效,因而中国城市在形式上明显显示出理性管辖的特征。

中国古代城市发展的特点,与中国奴隶社会及封建社会整个时期中社会经济的特点分不开。"我国从奴隶社会发展到封建社会,远较欧洲为早,封建社会的时期长达 2000 余年,在这漫长的时期中,生产力虽然也不断进步,生产关系也不断发展变化,有过一系列的农民起义,不断改朝换代,但生产力的发展是缓慢的,封建生产关系始终占统治地位,生产方式没有出现根本的变化,因此中国古代城市都是封建社会型的城市"。"中国封建社会是地主土地所有制,不是领主土地所有制,地主可以离开土地集中居住在城市中,不像欧洲封建领主的根据地在农村中的城堡。中国由奴隶制进入到封建制的过程中,并没有出现城市衰落、城市规模缩小、统治中心转入农村等情况,城市就是封建统治的政治军事的根据地,城市不仅在经济上剥削乡村,在政治上也统治着乡村"。

鸦片战争以前,中国的城市都是封建社会型的。作为中央集权管理体制下的行政分支中心,即"普天之下,莫非王土"的地域行政管理中心,城市在政治上统治着乡村。城市集中着官府、地主宅邸以及商业、手工业及其他劳动人民,是地主封建统治阶级以及为其服务的商人手工业者的聚居地。这样的城市大部分是消费型的。城市功能结构简单,平面形式沿袭着封建社会的城制,建筑面貌也完全是中国传统的形式。

不论西方欧洲或中国,从奴隶社会出现城市后,城市在漫长的历史进程中发展出两种主要类型。

一类是为政治军事的目的而按照规划兴建,布局形式多为规则型,如罗马帝国时代的营寨城市和中世纪时期纯粹属于防御要求的斯卡莫奇模式的城堡等;中国则有按照《周礼》城制建造的都城、府州城和大量的县城,还有一些沿长城及海防修建的边防城堡或海防卫所。在中国,这类人为的规则形城市较多。封建社会的都城,一般由帝王亲自拟定和主持建城规划,如隋文帝杨坚命宇文恺绘制长安城的规划,忽必烈命刘秉忠绘制元大都的规划。而城市的发展则更多地依赖或受制于城市社会经济活动的发展。城市居民的生活要求与愿望,也会对城市的发展起到相当的影响。只是在封建社会,帝王的影响大,是决定性的,而市民的影响小。随着社会的发展和进步,市民对城市发展的影响则日益显著。

另一类是由于区位、经济条件而自发形成并发展起来的城市,多位于交通要道、海港、通航河道的交会处,其形式多样而不规则,但生命力较强,经久不衰。在欧洲中世纪后基本上都是这类自发形成的不规则形城市,中国的宋东京汴梁也属这类城市。

从以上两类城市并存并行发展的历史可以看出,城市不仅是政治军事的战略要地,更是社会经济发展的载体。城市的实际发展离不开社会经济发展的客观规律,也不能背离城市居民生活的要求和愿望。以上两类城市,按规划新建的主要反映帝王意志,如隋唐长安、元大都等,《周礼》城制随着儒教受统治阶级的推崇程度而日益明确;而另一类则符合市民世俗生活要求,如宋东京汴梁等。

鸦片战争后,一方面,帝国主义势力不断侵入,中国沦为半殖民地半封建社会,出现一些帝国主义的"租界"和殖民地城市,殖民地城市新的经济条件和意识形态影响到其他城市,但受生产技术的限制及封建意识的约束,城市面貌和建筑形式并没有产生很大变化;另一方面,从统治阶级内部提出"洋务运动""变法维新"等,出现一些近代资本主义工业企业,产生一些新的城市,使不少旧城市也发生较大变化。特别是沿海及长江一带城市化程度较高,城市分布和经济发展呈现明显的地区不平衡态势。近代时期的城市也可分为两大类型,即新兴城市(包括殖民地、租界城市)和原有封建城市。外国独占城市的特征包括:① 城市规划与建设体现了明确的意图;② 城市建设中的隔离和差异;③ 引进外国的建筑形式,早期多古典或仿古形式,后期则现代主义色彩更为浓厚;④ 表现出资本主义城市的特征,商业区在城市平面图尚处于突出的地位;⑤ 规划图的分析多表现为西方古典的形式主义及早期资本主义规划特征,早期多为表现形式主义的构图,后期则多注意功能及交通问题。

从城市人口和物质累积的表象看,无论中国还是西方,几乎所有的城市都聚集着大量的城市人口、频繁的市场交易、标志性的建筑景观等。但是,中国和西方城市在人文和制度上的差异,从几千年的发展历史传承下来,已深深渗入到城市内部每一个制度、机制的细节中。

2) 城镇化的概念与历程

城市化(Urbanization)又称城镇化,指"人类生产和生活方式由乡村型向城市型转化的过程,表现为乡村人口向城市人口转化以及城市不断发展和完善的过程"。城市化水平(Urbanization Level)又称城市化率,指"衡量城市化(城镇化)发展程度的指标,一般用一定地域内城市(城镇)人口占总人口比例来表示"。由于目前随着形势发展和法律条文变化,"城市"与"城镇"在特定语境下会有所差异,"城市人口"与"城镇人口"是两个不同的统计口径,"城市化水平"和"城镇化水平"在大多时候是两个可以互换的术语。

《中国大百科全书(经济学)》定义"城市化"又称"都市化或城镇化":"由于城市工业、商业和其他行业的发展,使城市经济在国民经济中的地位日益增长而引起的人口由农村向城市的集中化过程。城市化包含3个内容。① 城镇数量和城镇人口逐步增加,而农村人口相对减少。城镇人口在全国总人口中的比重不断上升,农村人口的比重相应下降。② 城镇的形态和分布,由各自独立的状况,变成联系密切的城镇系统。③ 城市生活方式(包括物质生活和精神生活)的扩大和普及,即农村居民的生活方式日益接近于城市居民。"在这些特征中,城镇人口的增加和聚集是最明确的特征。因此,通常以城镇人口在总人口中的比例作为衡量城市化程度的基本指标。引起城镇人口增加的主要因素有:① 原有城镇人口的自然增长;② 新城市的建立;③ 人口的迁移,主要是农村人口向新老城市的集中;④ 行政区划的调整,使城市范围扩大而引起城市人口的增加。其中,农村人口向城市迁徙,是最主要的因素。《简明不列颠百科全书》定义"城市化"指"人口集中到城市或城市地区的过程。这种过程可能有两种方式:一是通过城市地区数量的增加;二是通过每个城市地区人口的增长。联合国建议所有国家的人口普查和官方统计,均以居民在 2 万人以上的集中地区称作城市。"

《中国大百科全书(建筑、规划、园林)》提出"城市发展的两大阶段"可以产业革命为界,分为古代城市化和近代城市化。古代城市化的主要特点,一是城市发展很慢,绵延时期很长,持续几千年之久。城市人口在世界总人口中所占比重很小。直到 1800 年,世界城市人口总数为 2 930 万人,仅占世界总人口的 3% 左右。二是城市生产力水平不高,功能单纯,结构和形态较为简单。

产业革命以后,大工业生产创造了巨大的城市,使乡村依附于城市。这种变化给近现代城市结构带来极大影响。居住地同工作地分开,产生"上下班"的城市生活方式;集中大生产对交通设施提出更高要求;人口增多扩大城市规模;庞大集中的工业,不断加剧环境污染及"城市病"。现代城市化的主要特点,一是在世界人口激增的背景下进行。城市人口在世界总人口中的比重不断上升。1925 年世界城市人口占总人口的 21%,1950 年增至 28.7%,1980 年又增至 39%。二是发达国家的城市化和工业化并行。第三产业和科学文教事业成为城市发展的主要动力之一。特别发达地区有向大城市连绵区发展的趋势。三是工业体制逐步由金字塔型向网络型发展。

4.1.3 中国城市发展特征分析

李铁提出,中国的城市是非自治的,是中央集权管理体制下的行政分支的中心,是"普天之下,莫非王土"的地域行政管理中心。

中国的城市有行政等级之分,按照不同等级划分城市类型。一些城市可能人口很多,但行政等级不一定高,除北京上海之外,有的直辖市的经济发展水平可能还赶不上传统的地级城市。一些小城镇的人口规模和经济总量大于地级城市,但是在行政等级和管理权限上,仍然处在行政等级体系的底层,这就是中国的城市。

西方的城市没有等级之分,无论城市规模大小人口多少,互相之间没有行政级别的限制。显示出西方城市发展的不同历史和不同功能。中国的城市是中央集权下的行政分支,等级下的行政管理体制沿袭着传统的行政分支的功能。而在西方,从自治城市产生那天,城市就独立于封建王朝的管辖之外,没有所谓的行政等级。在等级制度下,城市可以管理城市,城市有上下级之分,城市的资源分配和管理权限严格地服从于等级制度的要求。而在非等级的城市体系中,一切服从于市场的发育。资源的流向受市场资源影响,城市的管理权限取决于城市自身。

西方城市完全允许国内人口自由进入或定居。中国的城市开放性和国外相比有较大的差别。历史上,由于中国城市是政治中心,中央集权的管理通过城市向农村和基层辐射,为确保管理的效率,实行严格的户籍管理制度,保甲连坐制度等,城市的进入受到严格限制。官员在城市做官有府邸,退休后一般也要回到故里,而不能长期在城市定居。清以后,中国城市管理制度有了较大的松动,在民国时期完全放开。但是在 20 世纪 50 年代以后,户籍管理制度的强化,使得进入城市定居的难度大大增加。而在西方,中世纪末期,封建领主的农奴一旦进入城市,即可宣布自己为自由民。西方城市的开放性有非常悠久的历史传统。正是由于开放导致城市人口不断更新,增加城市活力和竞争性。这是中西方现代城市发展史上非常大的制度差异。

西方的城市只管理城市人口,农村有社区自治。中国的城市管理是地域性的管理,城市涵盖着农村,符合中国集权体制下的行政管理分支的特点。在管理体制上,农村仍然在城市的管理范畴之内,统计上虽然各有特点,实质上在一个管理框架之下。在现代化的今天,城市的发展依赖于农村的支持,同时不能忽视农村的发展。在西方的管理体系中并不存在城乡统筹一体化的课题。

中国的城市在实质内容上、管理体制上与国外城市差别甚大,诸如选举体制、土地所有权等。这些特点影响到了中国城市发展的速度和发展模式。从城市发展的形态和景观中,可以清晰地看到体制特点留下的鲜明印记。

4.2 中国城市面临的挑战

4.2.1 中国城镇化特点及发展态势

改革开放以来,伴随着工业化进程加速,我国城镇化经历了一个起点低、速度快的发展过程。从1978年至2013年,城镇常住人口从1.7亿人增加到7.3亿人,城镇化率从17.9%提升到53.7%,年均提高1.02个百分点;城市数量从193个增加到658个,建制镇数量从2 173个增加到20 113个。京津冀、长江三角洲、珠江三角洲三大城市群,以2.8%的国土面积集聚了18%的人口,创造了36%的国内生产总值,成为带动我国经济快速增长和参与国际经济合作与竞争的主要平台。城市水、电、路、气、信息网络等基础设施显著改善,教育、医疗、文化体育、社会保障等公共服务水平明显提高,人均住宅、公园绿地面积大幅增加。城镇化的快速推进,吸纳了大量农村劳动力转移就业,提高了城乡生产要素配置效率,推动了国民经济持续快速发展,带来了社会结构深刻变革,促进了城乡居民生活水平全面提升,取得的成就举世瞩目。

城镇化是人口从农村向城镇迁徙的过程,与国际比较,李铁提出,中国城镇化的特点突出。一是制度背景不同,包括城镇管理体制、户籍管理体制和土地管理制度以及融资制度等;二是发展路径不同,政府可以低成本地调动资源,支持城市的基础设施建设,例如降低土地、劳动力和环境成本;三是发展阶段不同,中国面临着后发劣势,处于两难选择,既要向发达国家看齐,走赶超路线,同时又面临着大量低收入和低素质的农民进城;四是规模的差距,中国是在世界最大规模人口的基数上,完成的高速城镇化进程,史无前例,无经验可借鉴;五是积累的矛盾不同,是由于体制特点造成的人口城镇化质量不高和粗放型发展的模式,影响到未来城镇化的可持续发展。

在城镇化快速发展过程中,也存在一些必须高度重视并着力解决的突出矛盾和问题。一是大量农业转移人口难以融入城市社会,市民化进程滞后。目前农民工已成为我国产业工人的主体,受城乡分割的户籍制度影响,被统计为城镇人口的2.34亿农民工及其随迁家属,未能在教育、就业、医疗、养老、保障性住房等方面享受城镇居民的基本公共服务,产城融合不紧密,产业集聚与人口集聚不同步,城镇化滞后于工业化。城镇内部出现新的二元矛盾,农村留守儿童、妇女和老人问题日益凸显,给经济社会发展带来诸多风险隐患。二是"土地城镇化"快于人口城镇化,建设用地粗放低效。一些城市"摊大饼"式扩张,过分追求宽马路、大广场,新城新区、开发区和工业园区占地过大,建成区人口密度偏低。1996—2012年,全国建设用地年均增加724万亩,其中城镇建设用地年均增加357万亩;2010—2012年,全国建设用地年均增加953万亩,其中城镇建设用地年均增加515万亩。2000—2011年,城镇建成区面积增长76.4%,远高于城镇人口50.5%的增长速度;农村人口减少1.33亿人,农村居民点用地却增加了3 045万亩。一些地方过度依赖土地出让收入和土地抵押融资推进城镇建设,加剧了土地粗放利用,浪费了大量耕地资源,威胁到国家粮食安全和生态安全,也加大了地方政府性债务等财政金融风险。三是城镇空间分布和规模结构不合理,与资源环境承载能力不匹配。东部一些城镇密集地区资源环境约束趋紧,中西部资源环境承载能力较强地区的城镇化潜力有待挖掘;城市群布局不尽合理,城市群内部分工协作不够、集群效率不高;部分特大城市主城区人口压力偏大,与综合承载能力之间的矛盾加剧;中小城市集聚产业和人口不足,潜力没有得到充分发挥;小城镇数量多、规模小、服务功能弱,这些都增加了经济社会和生态环境成本。四是城市管理服务水平不高,"城市病"问题日益突出。一些城市空间无序开发、人口过度集聚,重经济发展、轻环境保护,重城市建设、轻管理服务,交通拥堵问题严重,公共安全事件频发,城市污水和垃圾处理能力不足,大气、水、土壤等环境污染加剧,城市管理运行效率不高,公共服务供给能力不足,城中村和城乡接合部等外来人口集聚区人居环境较差。五是自然历史文化遗产保护不力,城乡建设缺乏特色。一些城市景观结构与所处区域的自然地理特征不协调,部分城市贪大求洋、照搬照抄,脱离实际建设国际大都市,"建设性"破坏不断蔓延,城市的自然和文化个性被破坏。一些农村地区大拆大建,照搬城市小区模式建设新农村,简单用城市元素与风格取代传统民居和田园风光,导致乡土特色和民俗文化流失。六是体制机制不健全,阻碍了城镇化健康发展。现行城乡分割的户籍管理、土地管理、社会保障制度,以及财税金融、行政管理等制度,固化着已经形成的城乡利益失衡格局,制约着农业转移人口市民化,阻碍着城乡发展一体化。

4.2.2　中国城市面临的挑战

Sir Peter Hall 认为当前中国城市化面临的重要挑战包括3个方面。

一是全球化的挑战。全球化的挑战需要国家和地方城市应快速适应城市发展的历史性转变。根据欧美国家的经验,这种转变主要表现在制造业向服务业的转变。服务业逐渐取代制造业而成为城市经济的基础。

二是城市可持续性的挑战。如私家车拥有率的提高,对城市发展带来重要影响。如何控制汽车的拥有率或者是使用率将成为城市管理的主要目标之一。

三是需求增长的挑战。城市化过程中人口的猛增给住房带来巨大的压力和刺激。人们需要更多、更好的住房,同时,住房建造的密度、与就业岗位之间的关系、大运量交通方式的提供等等,这些将都成为城市可持续发展所要回答的重要内容。

4.2.3 决策城市倾向带来的城乡二元结构问题

《辞海》专门释义了"城市和乡村之间的对立和差别","指在不同社会存在的城市和乡村之间不同性质的矛盾。随着社会分工、阶级分化和城市的形成而产生。城市和乡村的分工,促进了社会生产力的发展,但在私有制社会中表现为对立关系"。恩格斯在分析欧洲城市和乡村的对立时指出:它"或者是像古代那样,城市在经济上统治乡村,或者是像中世纪那样,乡村在经济上统治城市"(《马克思恩格斯选集》第4卷,人民出版社,1972:162)。

1949年3月,中国共产党七届二中全会确定党的工作重心必须由农村转移到城市。之后,决策的城市倾向便从此开始产生并延续至今。决策的城市倾向使中国城市能够以较快的速度发展,许多城市进入发展水平较高的现代化社会。新中国成立后的相当长时间,出于对保障国家工业化原始积累的需要,中国制定了确保城市先行工业化的一系列政策,形成了决策的城市倾向。这种决策的城市倾向在有力地支持国家城市工业化的同时,也使广大农村付出了沉重代价,承受着巨大的城乡差距。改革开放初期,城乡差距有所缩小。但近十几年来,城乡差距又出现了持续扩大的态势。

我国的决策机制也受到城市倾向的深刻影响。在城市投资和建设领域,项目规划设计由现存体制中对资源有配置权的部门操作,这些部门的工作人员本身生活在城市,是决策城市倾向的最大受益者之一。同理,参与全部过程的议事者、参谋者、决策者也是利益相关者,强化了决策机制、程序、方法等向城市发展倾斜,即现有决策程序是为有利于城市发展而设计的,行使表决权时,占表决者绝对压倒一切票数的投票者是决策城市倾向的直接受益者,更多情况下是决策城市倾向的直接受益者和间接受益者在确认,决策城市倾向的受害者或无益者没有表决权。农民工只能"用脚投票"，随工作地点的变动奔波在不同的城市地区。

4.2.4　城市可持续发展的要求

1）可持续发展的理念与原则

1987 年，由挪威首相布伦特兰夫人领导的世界环境与发展委员会（WCED）在《我们共同的未来》报告中正式提出了"可持续发展"（Sustainable Development）的概念，表明长久以来人类追求与自然和谐共存、人与人平等发展的愿望已开始成为一致的理念和自觉行动。可持续发展涉及生态系统、经济系统、人口系统等多个系统，是复杂的巨系统，概念也具有多维性，归纳起来，主要有生态—环境学意义、经济学意义、社会—政治学、工程学意义等。综合以上观点，1994 年英国伦敦及东南地区区域规划委员会（SERPLAN）专门成立的可持续发展工作组提出可持续发展应包括以下 5 个要素：一是环境，要考虑整个环境成本；二是面向未来，强调对未来世代的长期影响；三是发展，改善和进步；四是公平，考虑分配后果；五是参与，在决策和执行过程中个人和团体有意义地参与。WCED 于 1987 年在《我们共同的未来》报告中将可持续发展定义为"既满足当代人的需要，又不对后代人满足其需要的能力构成危害的发展"，明确指出可持续发展的根本问题是资源分配，既包括代际间的分配，又包括代内不同国家、地区、人群之间的资源分配。这一概念成为最具权威性的概念。

（1）发展是可持续发展的核心。可持续发展是一种适度的、有效率的发展，通过发展，现在和未来的人类都能满足其合理需要，从而全面提高人类的生存质量。同时，在发展中彻底解决环境污染、资源耗竭、贫富差距等长期困扰人类的难题。

（2）强调发展的可持续性。可持续性就是发展模式的不断优化，包括效率的不断提高和分配机制的不断改善，以确保人类及其享有的特定、适当的福利水平持续存在。

（3）提倡人口、资源、环境、经济、社会五大系统的协调发展。生态环境的可持续性是基础，资源的持续利用是条件，经济持续发展是关键，人类社会的持续发展是目的。

（4）强调平等原则。包含代际平等和代内平等。代际平等要求在实现当代人自身发展的同时，确保后代人的发展机会或能力不受损害。代内平等要求社会分配平等、区域发展平等，尊重每一个人的基本生存发展权力，强调发展中国家和发达国家拥有同等的发展机会。

城市是人类主要的聚集地和社会、经济与文化活动中心，城市高速发展，大量占用和消耗地球上绝大多数资源,已成为全球环境问题最严重的区域。城市对区域(农村或周围地区)的控制和辐射能力在逐步增强。城市作为一个开放系统,其环境状况,通过要素的输入和产品及副产品的输出,强烈地影响着城市以外的其他地区及整个地球,许多影响是跨区域的(污水排放),甚至是全球性的(交通和供热对温室效应和全球变暖的影响)。联合国和各国政府开始认识到城市可持续发展的重要性并予以特殊的关注。

2)我国城镇化可持续发展的宏观背景

(1)人口将是中国发展的长久负担

从人口数量上看,新中国成立初期人口总量5.5亿,2012年达到13.7亿人,即使在未来二三十年内人口控制得力,届时人口也不会少于15亿～16亿,并有可能突破17亿。伴随经济发展,我国劳动力供需总量矛盾和结构性矛盾也已显现,转轨就业、青年就业、农村转移就业等问题日益突出。同时,近年来中国老龄人口比重迅速上升,目前已成为世界上唯一一个老年人口总量超过1亿的国家。从人口素质上看,人均受教育水平距发达国家差距很大,中国科学院最新完成的《2012中国可持续发展战略报告》提出,按2010年标准贫困人口仍有2 688万,而按2011年提高后的贫困标准(农村居民家庭人均纯收入2 300元人民币/年),我国还有1.28亿的贫困人口。受高等教育人口比重不到美国的1/10、日本的1/4、菲律宾的1/2。

(2)经济发展和就业

通过发展经济提高城乡生活水平在未来一段时期内仍将是我国发展的必然趋势。可以说,经济发展压力是社会系统压力的反映。就业是反映经济系统总体状况的一个关键指标,影响社会的稳定和人民生活水平,并构成经济系统扩张的压力。增加就业成为推进城镇化进程的难题之一。农村人口进入城市一般不大可能进入正规部门,而是大量的进入了非正规部门,这种不良后果是相当严重的,必须提高警惕。在经济和社会发展的同时,资源消耗、环境污染排放、生态破坏的压力会随之而来。

(3)资源与环境承载力

我国土地总面积居世界第3位,但人口密度明显大于世界平均水平(中国为142.7人/km²、世界平均人口密度为38人/km²)。我国土地资源可以概括为"一多三少",即总量多,人均耕地少,高质量的耕地少,可开发后备资源少。联合国制订的人均耕地警戒线为0.8亩,而我国多个县人均耕地位于警戒线以下。耕地资源短缺的实质是粮食安全问题,也是决定我国人口总量控制的第一指标。根据中国科学院/国家计委自然资源综合考察委员会的研究结果，中国土地资源的最大生产能力为 8.3 亿吨。以人均粮食标准为 500 kg 计，最大人口承载量为 16.6 亿人；以人均粮食标准为 550 kg 计，最大人口承载量为 15.1 亿人；由此得出结论，中国环境的最大人口容量为 15 亿～16 亿人。综合中国生态、环境、粮食安全、物质消费等因素，最适宜的人口规模应该为 7 亿～9 亿人。显然中国的人口早已超过合理的平衡点。因此，耕地问题将是中国人地资源矛盾的核心。

尽管我国水资源总量为 28 214 亿 m^3、降水 62 076 m^3，居世界第 6 位，但人均水资源量约为世界人均水平的 1/4，且 2009 年人均水资源量已逼近联合国可持续发展委员会确定的 1 750 m^3 用水紧张线。总体来看，我国属于中度缺水。我国水资源分布不均，与人口、土地和经济布局不相匹配，有 16 个省(区、直辖市)属重度缺水，6 个省(区)为极度缺水地区。根据给水技术博物馆资料(http://www.watermuseum.org.cn)，我国到 2030 年预计缺水 2 160 亿 m^3，2050 年缺水 3 710 亿 m^3，占总供水能力的 38.4%。

就矿产资源绝对数看，我国同样是资源大国，但从人均资源占有量来看，我国又是一个资源贫国。按 1990 年人口和 45 种主要矿产探明储量对比，我国人均占有量相当于世界人均水平的 27%，美国的 1/10，苏联的 1/7，其他资源多数亦存在类似情况，许多关系到国计民生的大宗矿产不得不依赖进口。综合比较我国人均与世界平均水平，淡水仅占 28%，耕地占 43%，森林占 25%，石油占 7%，天然气占 7%，煤炭占 67%，铁矿占 17%。矿产资源和能源禀赋先天不足，消费增长和浪费问题也十分突出。

决定生态系统性状之核心为森林系统，关键指标为森林覆盖率。我国 2012 年森林覆盖率为 18.21%，与世界平均水平约 30% 相比还有很大差距。森林覆盖率低是我国自然灾害频繁和生态问题严重的主要根源。全国水土流失面积占国土面积 37%、沙化土地面积占 18%，90% 的草原存在不同程度退化。

我国生态环境具有先天脆弱性，按照对生态应力指数(Ecological Stress)和地表起伏度(Relief of Land Surface)的计算，我国国土资源的开发成本为世界平均水平的 1.25 倍(中科院报告)。因此，环境污染和生态破坏极易形成恶性的循环，损失巨大，污染治理难度大。目前我国在环境污染方面呈现结构型、压缩型、复合型特点，在近 10 年集中体现，发展太快、太集中。在气候变化方面，我国温室气体排放 80 多亿吨，已超过美国 40%，减排压力大。能源资源、生态环境、气候变化已成为我国发展面临的制约因素。

（4）变化趋势

2012年我国实现 GDP 51.2 万亿元,位列世界第二,人均 GDP 6 300 美元,属于中等偏上水平,城镇化率52.6％,服务业比重43.1％,人均寿命74.8岁,发展的趋势不可阻挡,很大一部分人民生活水平的提高仍依赖于物质消费量的增加,资源紧缺、资源危机、污染和生态问题仍将继续。技术进步,提高资源利用效率,节约能源,推进循环经济,加强环境污染治理和生态保护,是实施可持续发展战略的重要保障。建设资源节约型、环境友好型社会,建设社会主义生态文明是实现我国可持续发展的核心。

3）可持续的城市发展模式

城市是人类社会的缩影,"人们为了生活得更好来到城市"。城市可持续发展与传统城市发展最大的不同就是,前者力求发展的成果为全体居民所享有,而后者以部分群体的需求为对象;前者注重经济发展的持续性,而后者以短期经济增长为中心;前者充分考虑人类亲近自然的需要,全面核算生态环境和自然资源价值,后者则突出人类在整个生态环境中的地位,强调对其他物种的占有和利用;前者强调经济、社会、环境等各系统之间的和谐与均衡,后者则不恰当地突出某一系统(尤其是经济系统)的重要性。对传统城市发展和可持续的城市发展模式的比较如表 4-1 所示。

表 4-1　传统城市发展与可持续的城市发展模式比较

系统	传统城市发展模式	可持续的城市发展模式
城市系统	城市—集中型的工业区位 制造导向 注重短期经济成长 商业导向 资源是生产业导向 消费驱动投入要素 资源密集,经济优先 经济成本第一	区域—分散型的工业区位 社会群体导向 注重长期经济发展 保护导向 消费与保护的平衡观 资源敏感、有限并须管理 资源保育(护),多目标考察 经济成本与社会、环境成本的均衡
能源系统	矿物燃料为基础 强调充裕、便宜的供应 供给来源的多样化 燃料为基础价值 以技术为焦点 经济生产的效率 强调规模经济与技术集中	替代性能源来源 强调资源保育(护)与再利用 降低能源密度 社会、环境成本为基础价值 以保育(护)为焦点 终端利用的效率 强调技术分散的观念

续表 4-1

系统	传统城市发展模式	可持续的城市发展模式
环境系统	人类支配环境 环境是丰富的资源 环境冲击对经济是外部性的 修护导向	人类与环境相互依赖 自然资源是可耗竭的 环境冲击对经济是内部性的 预防导向
技术系统	大规模 集中式系统 基础设施趋向技术 以经济成本支配技术决策 忽略环境之冲击	适当规模 分散式系统 使用者趋向技术选择 以社会、环境成本支配技术决策 重视环境敏感性设计

资料来源：Bryne et al,1994. 转引自张秉忱. 关于城市健康发展的几点思考. 城市发展研究,1999(4),有修改。

世界其他国家的经验显示,城市的健康发展程度和水平,是整个国家可持续发展的基础,其原因为：一是城市的健康发展,为国家可持续发展提供了充分的财力支持,对环境保护和生态建设的财政支持有了基本的保证；二是城市的健康发展,为全民素质的提高,提供了观念上和认识上的深化,这对于可持续发展理念的深入,起到了重要的精神支持；三是城市的健康发展,为实现环境与发展的平衡,为克服污染转移和成本外部化提供了内部动力,从而为推行国家可持续发展战略,扫清了源头上的障碍；四是城市的健康发展,在"人口、资源、环境、发展"四位一体的协调上,在实现全社会循环经济的模式上,是国家可持续发展战略的突破点和切入点。

4）案例分析：资源枯竭城市转型

资源型城市,是以矿产、森林等自然资源开采、加工为主导产业的城市类型。而资源枯竭城市,普遍认为是指城市资源开发进入后期、晚期或末期阶段,其累计采出储量已达到可采储量7成以上的城市。资源型城市一直沿袭传统的非持续发展模式,它们常常因资源而兴,也因资源枯竭而亡或者转型。可持续发展是资源型城市发展的必然选择。自2007年起,国家分三批界定了全国69座资源枯竭城市,给予中央财力性转移支付资金支持,对这些城市开始实施旨在解决当地民生和生态问题的一揽子支持政策。笔者参与了辽宁省阜新市、辽宁省盘锦市、辽宁省葫芦岛市南票区以及黑龙江省鹤岗市等几个资源枯竭城市转型规划的编制工作。

资源型城市普遍具有对资源的依赖程度高、受资源型企业影响大、城市空间结构分散、城市功能具有综合性和产业支柱双重性、主导企业办社会的二元性等特征,存在资源开采难以为继、城市经济转型难度大、生态环境亟待治理、社会矛盾复杂、管理体制不顺、资源价格扭曲等实际困难。城市发展的可持续性,包括人口、资源、环境、科技、社会和经济等多方面的长期目标。资源型城市的形成是以能源和矿产资源富集为重要特点,其可持续发展具有一定的特殊性,主要表现为:矿区向城市演变过程的突发性、城市化水平低层次性、城市社会发展搞工业化的虚假性、城市基础设施建设的滞后性、企业与城市机制的约束性、城市发展面临资源枯竭和环境整治任务重的两难境地等。

我国资源型城市是传统经济增长方式下的产物,故不能以传统经济增长模式作为其指导思想,只能在以科学发展理念的指导下,推进资源型城市由计划经济向市场经济、粗放型增长方式向集约型增长方式、单一主导型结构向多元主导型结构、资源导向型向市场导向型的转变。

从实际情况看,大多数资源枯竭型城市的转型核心仍是产业结构的调整和就业问题的解决。在资源枯竭城市发展问题丛生、财力优先的情况下,完全抛弃原有的资源产业、另起炉灶的想法并不现实。大多数资源型城市都把"拓宽资源开发领域、拉长资源产业链条"作为接续产业发展的重要方向;并根据在全国城市体系中的定位、自身特色和市场选择发展替代产业。此外,资源型城市在其发展定位上,还应拓展思路,根据自身资源条件,走因地制宜转型道路。如河南焦作在煤炭资源濒临枯竭之后,向两个方向发展:一个是旅游,二是发展电力工业。发展功能性城市也是一个方向,与中心城市绑在一起,作为它的一个功能区,如阜新融入沈阳经济区的战略思路,依托大城市,融入大城市,与大城市错位发展,优势互补,成为大城市的重要组成部分和经济的重要支撑。对于没有条件形成城市的,或区位条件差、交通物流成本高、远离大城市的资源枯竭型城市,自身既无辐射带动能力,又无大城市可供依托,就要考虑搬迁,恢复植被,恢复生态,日本的夕张市就是一个典型的案例。再如葫芦岛市的南票区,距离主市区 60 km,省里明确提出异地建设新区的思路。

资源型城市空间发展具有独特的"双二元"空间结构,即城市空间与外围乡村空间的分异,资源职能空间与其他城市职能空间的分异。资源型城市独特的空间问题主要体现在城市空间功能的整体衰落和边缘化、空间社会功能分割与不整合、公共空间功能供给不足以及城市生态功能整体恶化等。

资源型城市是以资源开采作为城市存在的基础,长期的、过度的和超负荷的资源开采给这些城市留下了大量的环境问题,包括水资源短缺、固体废物、大气、噪声、土壤环境污染严重,采煤沉陷区的塌陷严重等。这些环境问题引发了生态灾害,制约城市的发展,危及城市居民的生命安全,影响社会稳定。解决这些环境问题,实现资源型城市的可持续发展,应采取综合治理措施,从矿业开发、经济、综合决策、法制、资金投入、全民参与和寻求国际合作等多方面入手,发展循环经济、提高资源型城市可持续发展环境保护的支撑能力。

4.3　国内外城市发展趋势

4.3.1　国际城市发展趋势

1)"都市圈"加快形成

一些发达国家和发展中国家城市化发展到一定程度后,大城市因工业和人口的集中而带来一系列问题,如住房短缺、交通堵塞、环境恶化、资源紧张等,这些国家的政府有意识、有目的地分解核心城市的功能,纷纷开始以"都市圈"作为区域经济和城市形态的新模式,具有影响力的中心城市与中小城市之间共同组成紧密关系的人口密集区。城市空间的扩展表现为中心城市高度集聚,并向外呈非连续性用地扩展,各城市与中心城市的联系加强,整个城市群呈融合趋势。

2)价值取向多元化

在城市发展中处理好城市化与经济、社会、资源、环境、生态和文化等方面的关系,实现可持续发展。绿色生产和生活方式、生态化、人文(历史、文化、个性和可达性)、数字化、特色化等成为主导当今世界城市发展的关键词。有专家预言,21世纪城市将是"生态循环型绿色城市经济"的城市,相应地城市也开始由生产型城市向消费型城市和生态型城市的过渡。城市的个性化和独有的历史文化特质成为现代城市竞争和发展的新需要;城市建设要在不影响城市功能和职能的前提下最大限度地减少城市成本(如交通成本);政府在提供基础设施和公共服务方面,追求最小的投入满足最大程度需求;强调社区在凝聚社会力量方面的重要性。

3)经济结构均衡发展

从总的趋势上看,第三产业保持主导地位无疑仍是城市经济结构发展的主要趋势。但金融危机表明,过度依赖单一服务经济的城市,其抗风险能力不强。因此,经济结构的均衡性与多样性,成为国际城市经济的重要发展方向。

4)更加注重包容性

随着城市中产阶层规模的扩大,高水平医疗、教育等社会服务资源的广泛覆盖与均衡配置,成为"包容性城市"建设和城市社会服务体系的核心内容。国际城市的移民融合和国内城市的外来人员融合成为城市发展的重要任务。

5)空间网络结构多极化

多极化网络结构是世界大城市通常采用的城市空间结构。其主要思想即通过内部的调整和外部的疏导两方面解决城市发展面临的问题。国外大都市地区一般采用居住新区、产业新区和区域多极等模式。居住新区采用自然扩张的方式,在中心区外围建设新区,但是由于新区功能单一、发展动力不足,对中心城区的依赖带来回波的巨大压力,城市空间外溢扩张。产业新区模式通过大型项目开发带动地区发展,实现都市区产业、人口转移,问题同样是新区功能不足,缺乏生机,"反磁吸引力"不足。区域多极模式则通过多极提升方式,实现都市区功能和产业的整合和转移。

国际特大城市圈发展案例

案例1:美国城市群

在国外典型城市群所在国家中,美国的国土面积、行政区划等与我国最为相近,其城市群结构对我国中心城市培育与发展具有较好的借鉴意义。美国共有波士顿—华盛顿城市群、五大湖城市群、西海岸城市带三大城市集聚区,各城市群的层级结构酷似一座金字塔,并形成一核多级或多核多级的空间分布格局(图4-3-1),且城市群体系内部和中心城市之间产业错位发展,优势相互补充,职责分工明确。美国三大城市群中承担着国家中心城市功能的城市有华盛顿、纽约、芝加哥、洛杉矶等,这些国家中心城市是城市群的强大增长极,分担着国家的政治、经济、工业、文化等多项职能,共同带动和支撑着全国城市体系的快速发展。

案例2:东京(Tokyo)

目前,东京都市区正在形成中心—副中心—新镇构成的多中心构架(图4-3-2),各级中心多为综合性的,但又各具特色,互为补充。

在传统中心区域,专门发展作为世界城市须具备的国际金融功能和国内政治中心功能,并向其他次级中心疏散次级职能。新宿、涩谷、池袋等七大副中心,位于距中心10 km范围内,主要发展以商务办公、商业、娱乐、信息业为主的综合服务功能。郊区卫星城以多摩地区

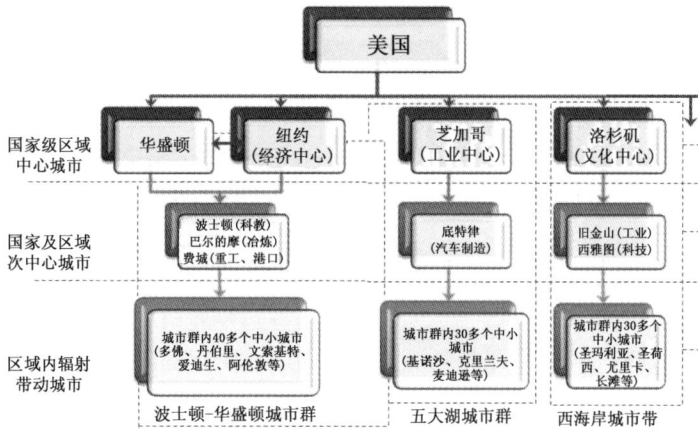

图 4-3-1　美国三大城市群

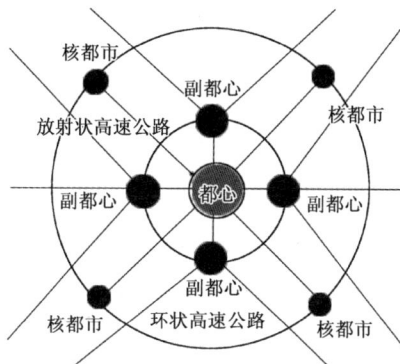

图 4-3-2　中心—副中心—新镇多中心构架

的八王子、立川和町田为核心,距中心约 30 km,以居住功能为主。

• 都心:东京都中心是首都的中枢和世界经济的重心之一。都心的整备方针仍以改善市政基础设施条件、抑制业务机能的过度集中,促进各类设施向高层次、高档次发展为主。进一步促进综合再开发,努力保持都心的居住机能,积极推进住宅综合设计制度。

• 副都心:为避免城市功能在中心区的过度集中,在都心区以西 15 km,建设新宿、涩谷、池袋 3 个副都心,分担都心区的首都功能。后来在继续发展和完善东京都现已初具规模的 3 个副都心的基础上,逐步分期建设上野—浅草、锦系町—龟户、大崎、临海部 4 个副都心。

55

• 新镇:规划在离东京中心 17~45 英里(27.36~72.42 km)之间的边缘地带,建设卫星城,以吸收分散的人口和雇员。

双磁极结构:由东京都政府提出,在多摩新城提供足够多的新职位,特别是在大学和文化机构中的公共部门,以便使整个区域形成一个双磁极结构。并随着中心和新城之间强有力的双条道路的运输,可能形成连接市中心和多摩,经过新宿的长 20 英里(32.19 km)的东西轴线。

东京城市发展小结:

整个都市结构从单一集中型向多核心型模式发展。由于建设了现代化的新宿、池袋、涉谷、多摩等许多具有一流水平的"副都心"和新镇,从而减少了人口、产业、商务活动等向东京市中心的聚集,并在各个副都心和新镇形成了富有特色的和具有吸引力的市政服务系统和产业。

案例 3:巴黎(Paris)

巴黎的城市规划发展历程可以分为"以限制为主题的区域规划"和"以发展为主题的区域规划"两大阶段:

(1) 以限制为主题的区域规划

1934 年的 PROST 规划是在巴黎地区郊区扩散现象日趋严重的情况下出台的,旨在对此加以抑制,从区域高度对城市建成区进行调整和完善。该规划对地区人口增长和城市空间扩大持保守态度,否认城市进一步扩展的可能性和必然性。

1956 年的 PARP 规划(《巴黎地区国土开发计划》)主张通过划定城市建设区范围来限制巴黎地区城市空间的扩展,同时提出降低巴黎中心区密度、提高郊区密度、促进区域均衡发展的新观点。该规划回避区域社会经济加速发展的现实,一厢情愿地提出限制城市空间的规模增长,违背了城市化发展的客观规律,注定在实施中难以取得预期效果。

1960 年的 PADOG 规划(《巴黎地区开发与空间组织总体计划》)是 PARP 规划的翻版,主旨仍是通过限定城市建设范围来遏止郊区蔓延,追求地区整体均衡发展。该规划认为,未来巴黎地区城市发展的重点不是继续扩展而是对现有建成区的调整。将建设新的发展极核作为城市发展战略的主要内容,这是所谓"新城"概念第一次出现在正式区域规划文件里。在巴黎东、南、西、北 4 个方向分别设立新的城市发展极核,集就业、居住和服务于一体,与巴黎共同组成多中心的城市聚集区。城市极核的发展十分迅速,这才有了今天充满活力的拉德方斯新区。

（2）以发展为主题的区域规划

1965 年的 SDAURP 规划（《巴黎地区国土开发与城市规划指导纲要（1965—2000）》）兼顾了城市发展在数量和质量上的双重需求，即在完善现有城市聚集区的同时，有意识地在其外围地区为新的城市化提供可能的发展空间。从这个意义上讲，该规划被称为巴黎区域规划的转折点。

根据城市发展的经验，规划建议将新的城市建设沿主要交通干线布局，形成城市发展轴线，在郊区和新城市化地区内新建多功能城市中心，打破已有的单中心布局模式。

1976 年的 SDAURIF 规划（《法兰西岛地区国土开发与城市规划指导纲要（1975—2000）》）。巴黎作为区域城市中心，应保持多样化的居住功能，稳定就业水平，减缓人口递减趋势；巴黎近郊作为中心区的延续，应保持和完善现有城市结构，整治和改善当地环境，建设以拉德方斯为代表的郊区发展极核；作为新城市化的主要空间载体，巴黎远郊应大力发展新城，并通过建设环形轨道交通系统加强与巴黎及近郊发展极核的联系。

1994 年的 SDRIF 规划（《法兰西岛地区区域发展指导纲要（1990—2015）》）。SDRIF 规划仍将建设"多中心的巴黎地区"作为基本的空间布局原则，新城建设和近郊空间重组仍是区域空间调整的重点，同时更加强调不同层次城市极核在规模、功能和区位上的多样性及相互之间的联系与协作，作为加强区域整体性的重要手段。

巴黎城市发展小结：巴黎的城市总体布局模式为"老城区—副中心—新城"。巴黎的成功实践主要体现在两个方面：① 建立区域观念，扩大发展空间；② 建设郊区新城，促进区域整体发展。

4.3.2　中国城镇化发展态势

《国家新型城镇化发展规划（2014—2020 年）》提出，根据世界城镇化发展普遍规律，我国仍处于城镇化率30%～70%的快速发展区间，但延续过去传统粗放的城镇化模式，会带来产业升级缓慢、资源环境恶化、社会矛盾增多等诸多风险，可能落入"中等收入陷阱"，进而影响现代化进程。随着内外部环境和条件的深刻变化，城镇化必须进入以提升质量为主的转型发展新阶段。

——城镇化发展面临的外部挑战日益严峻。在全球经济再平衡和产业格局再调整的背景下，全球供给结构和需求结构正在发生深刻变化，庞大生产能力与有限市场空间的矛盾更加突出,国际市场竞争更加激烈,我国面临产业转型升级和产能严重过剩的巨大挑战;发达国家能源资源消费总量居高不下,人口庞大的新兴市场国家和发展中国家对能源资源的需求迅速膨胀,全球资源供需矛盾和碳排放权争夺更加尖锐,我国能源资源和生态环境面临的国际压力前所未有,传统高投入、高消耗、高排放的工业化城镇化发展模式难以为继。

——城镇化转型发展的内在要求更加紧迫。随着我国农业富余劳动力减少和人口老龄化程度提高,主要依靠劳动力廉价供给推动城镇化快速发展的模式不可持续;随着资源环境瓶颈制约日益加剧,主要依靠土地等资源粗放消耗推动城镇化快速发展的模式不可持续;随着户籍人口与外来人口公共服务差距造成的城市内部二元结构矛盾日益凸显,主要依靠非均等化基本公共服务压低成本推动城镇化快速发展的模式不可持续。工业化、信息化、城镇化和农业现代化发展不同步,导致农业根基不稳、城乡区域差距过大、产业结构不合理等突出问题。我国城镇化发展由速度型向质量型转型势在必行。

——城镇化转型发展的基础条件日趋成熟。改革开放40多年来我国经济快速增长,为城镇化转型发展奠定了良好的物质基础。国家着力推动基本公共服务均等化,为农业人口市民化创造了条件。交通运输网络的不断完善、节能环保等新技术的突破应用,以及信息化的快速推进,为优化城镇化空间布局和形态,推动城镇可持续发展提供了有力支撑。各地在城镇化方面的改革探索,为创新体制机制积累了经验。

我国城镇化是在人口多、资源相对短缺、生态环境比较脆弱、城乡区域发展不平衡的背景下推进的,这决定了我国必须从社会主义初级阶段这个最大实际出发,遵循城镇化发展规律,走中国特色新型城镇化道路。

1）城镇化进入中后期

2011年末,我国城镇人口首次超过农村人口,城镇化率达到51.27%,进入中后期发展阶段。这一时期的典型特征是:工业的就业弹性下降,同时由于产业结构的转变和消费结构的升级,城市第三产业发展迅速。随着各级城市规模的急剧扩大,居民生活水平提高,对城市生活质量有更高的要求,城市发展面临四大转变:发展的重心由规模的扩张转到数量与质量的并重转变;城市主导功能从生产型城市向生活型、服务型城市转变;城市功能由单一化向多样化、综合化方向转变;城市空间发展模式由单中心向多中心和网络结构转变。

2）文化成为核心要素

经过40多年快速工业化和城镇化过程后,中国城市特色不鲜明的问题突出。弘扬地方文化,发掘城市的特色,极力打造城市特色品牌成为城市发展的核心,也是对过去城市发展模式雷同的纠偏。各具特色的地域文化成为发展特色城市的重要文化资源,对于有着悠久历史的大多数中国城市来说,个性化的特征就是保留城市的历史文化痕迹,并将其上升为城市的灵魂。通过文化发掘增强软功能、改善软环境、提升软实力成为城市发展和提高竞争力的最重要的因素。

3)绿色低碳提高竞争力

由于中国城市普遍存在大气、土壤和水环境污染、城市环境卫生基础设施建设严重滞后以及城市周边生态系统受到严重破坏等严重环境问题,优良城市环境成为城市最稀缺的资源。在这种情况下,环境竞争力成为城市综合竞争力的重要组成部分,绿色低碳发展的要求不仅来自节能减排的硬约束,也是提高城市竞争力最重要的手段。

4)强调基本公共服务

城市发展要保持经济、社会和生态三方面的和谐统一。随着城镇化进程的加快,城市公共设施和公共服务的需求迅猛增长。目前,城市公共服务的能力和水平远远不能满足需求,基本公共产品短缺与人民群众公共需求全面快速增长的矛盾日益突出。完善卫生服务体系、教育服务体系和文化服务体系等基本公共服务体系成为城市发展的重要内容。

专栏:扬州市城市发展战略

践行科学发展观与和谐社会理念,坚守"人文、生态、宜居"的城市特色,向着"古代文明与现代文明交相辉映的历史文化名城"迈进,探索出一条经济、生态、社会和文化共促共进、协调多赢的可持续发展的新路,成为东方国家城市发展的经典范例。

• 道法自然:制定系统的可持续发展规划

城市可持续发展战略就是和谐之道,能动地调控经济—生态—社会组成的复合大系统和谐发展。

在城市发展理念和功能定位上,强调整合资源、优势互补、形成合力、突出重点。虽然与上海、南京等中心城市的空间距离相对较远,城市欠发展,但发挥优势,抢抓当前国际及周边发达地区产业扩散和梯度转移的机遇,准确制定精致化、专业化的城市可持续发展战略。

围绕可持续发展的理念和战略定位,科学规划,注重城市设计,加强历史文化的保护,发挥规划的调控作用,促进人工复合生态系统的良性循环,保持人与自然、环境关系的可持续、协调发展,进而倡导宜居与宜业共赢,生态同人文永续。

• 固本培元:优化经济可持续发展战略

转变经济增长模式,引导产业向生态化发展,使经济效益、经济外向性、经济繁荣性和经济结构发生了突破性的变化,增强了城市可持续竞争力。

推行科技创新,优化产业结构。以优势要素带动整个产业优势的提高,实现从要素优势向产业优势的转化。通过新技术的引进开发,积极示范推广,促进科技成果应用转化,推动产业结构调整。

宏观调控,推动产业结构优化升级。坚持发展新兴产业与改造提升传统产业并重,不断调优、调新、调强产业结构,加快转变经济发展方式。一方面大力发展前景广阔的朝阳产业,另一方面提升传统产业,淘汰高耗能、高污染、生产能力落后的产业,使传统产业的装备水平升级换代。

因地制宜,调整产业布局和结构,建设有机产业环境。扬州经济正处于工业化中期,为了既促进经济快速健康发展,又有效保护生态环境,重点围绕优化生产力布局,调整空间结构,提升集中、集聚、集约发展的水平,实现规模经济。

发展现代服务业,优化经济结构。整合资源,大力发展投入少、产出多、污染少的物流业和旅游业,促进经济增长模式的转化。

• 弘扬历史:创新文化可持续发展战略

丰厚的历史文化遗存是扬州市宝贵的发展资源,要充分利用厚重的精神财富,致力于传承文化特色,创造继续生存的稀缺资源、发展资产,为城市增添内涵与色彩,提升城市形象、城市品位和城市竞争力,进而改善投资环境,吸引外来投资和高端人才,促进经济—生态—社会复合系统的可持续发展。

• 天人合一:坚持环境可持续发展战略

实施环境与发展综合决策,优先考虑环境影响。在城市规划、资源开发、结构调整、开发区建设等重大决策中,优先考虑生态环境承载力,充分评估对环境的影响。

确定生态功能区划,优化产业布局,控制污染源。合理的产业布局和产业集聚是保护环境的有效途径,有利于污染治理。

坚持环保优先,实施最严格的环境保护制度,提高环境准入门槛和项目开发限制条件,加大环保工作力度,有限加强环保执法监管,促进扬州的可持续发展。

• 以人为本:落实社会可持续发展战略

逐步健全社会救助、保障体系,保障社会各阶层的权益。通过解决历史遗留问题,着力增强改善民生的普惠性,同时推广养老保险、医疗保险等社会保障,致力于构建和谐社会。

注重宜居环境的建设,提升老百姓的舒适感和幸福感。建立经济适用房、解困定销房、廉租房3个层次的住房保障体系,启动全市住房解困工程,全面提高住宅环境质量和服务功能水平。

建管并重,促进社会参与,保持良好的社会治安。运行数字化城市管理新模式,设立"城建110"热线与"城管110"热线,提升市政公用行业的服务水平,方便广大市民。推进城市精神文明建设,开展社区群众文化活动,推行"片警"和社会消防制度,防治影响社会安定的因素,强化一系列严打防范措施,标本兼治,创造持久稳固的社会环境、安全可靠的投资环境、健康的经济发展环境。

以生态与文化的长远发展立市,努力做到宜居与宜业兼顾。

4.4　决策目标:新型城镇化道路

4.4.1　背景分析

2013年中央城镇化会议再次强调城镇化是现代化的必由之路。作为一个综合的决策框架和改革平台,城镇化推动了一个前所未有的中国城市时代的到来,这是中国发展水平根本提升的一个机会,同时也对社会传统治理模式带来挑战。"任何一个国家和地区,工业化和城镇化水平都是其国家现代化水平最直接标志,城镇化是中国现代化必须迈过去的一道坎,农民工问题必须在城市得到解决,不能寄望让他们回到农村来解决,这事关中国城镇化的发展现实,更事关未来"。

人类上一次大规模的人口从农村转向城市,主要发生在欧洲和北美,并带来了人类经济、社会、文化的全面繁荣,推动政治治理的变革。今天中国的城镇化不仅体现为投资机会的全球共享,人口从乡村到城市和跨国迁徙同时发生,也是史无前例。城镇化是一个自然历史过程,要让城镇化成为一个顺势而为、水到渠成的发展过程,把促进有能力在城镇稳定就业和生活的常住人口有序实现市民化作为首要任务。要优化布局,根据资源环境承载能力构建科学合理的城镇化宏观布局,把城市群作为主体形态,促进大中小城市和小城镇合理分工、功能互补、协同发展。要传承文化,发展有历史记忆、地域特色、民族特点的美丽城镇,在未来中国的城镇化格局中,特色小城镇将成为重要组成部分,成为很多人的居住选择。合理确定大城市落户条件,严格控制特大城市人口规模。参照英国的经验,中国大城市和特大城市中心区或将很快迎来深度调整甚至是衰落的阶段。减少工业用地,适当增加生活用地特别是居住用地。中国工业用地政策将被调整,并直接冲击地方政府传统的土地招商模式,地方政府必须调整依靠廉价土地供给和税收补贴的方式进行工业园区建设的思路,以开发区为代表的园区经济的终结已经是事实,变未必兴,不变必然废。要完善地方税体系,逐步建立地方主体税种,建立财政转移支付同农业转移人口市民化挂钩机制,鼓励社会资本参与城市公用设施投资运营。尽快把每个城市特别是特大城市开发边界划定,把城市放在大自然中,把绿水青山保留给城市居民。让居民望得见山、看得见水、记得住乡愁。要注意保留村庄原始风貌,慎砍树、不填湖、少拆房,尽可能在原有村庄形态上改善居民生活条件。要依托现有山水脉络等独特风光,让城市融入大自然;要融入现代元素,更要保护和弘扬传统优秀文化,延续城市历史文脉。培养一批专家型的城市管理干部,用科学态度、先进理念、专业知识建设和管理城市。建立空间规划体系,推进规划体制改革,加快规划立法工作。

4.4.2 指导思想

高举中国特色社会主义伟大旗帜,以邓小平理论、"三个代表"重要思想、科学发展观为指导,紧紧围绕全面提高城镇化质量,加快转变城镇化发展方式,以人的城镇化为核心,有序推进农业转移人口市民化;以城市群为主体形态,推动大中小城市和小城镇协调发展;以综合承载能力为支撑,提升城市可持续发展水平;以体制机制创新为保障,通过改革释放城镇化发展潜力,走以人为本、四化同步、优化布局、生态文明、文化传承的中国特色新型城镇化道路,促进经济转型升级和社会和谐进步,为全面建成小康社会、加快推进社会主义现代化、实现中华民族伟大复兴的中国梦奠定坚实基础。

要坚持以下基本原则:

——以人为本,公平共享。以人的城镇化为核心,合理引导人口流动,有序推进农业转移人口市民化,稳步推进城镇基本公共服务常住人口全覆盖,不断提高人口素质,促进人的全面发展和社会公平正义,使全体居民共享现代化建设成果。

——四化同步,统筹城乡。推动信息化和工业化深度融合、工业化和城镇化良性互动、城镇化和农业现代化相互协调,促进城镇发展与产业支撑、就业转移和人口集聚相统一,促进城乡要素平等交换和公共资源均衡配置,形成以工促农、以城带乡、工农互惠、城乡一体的新型工农、城乡关系。

——优化布局,集约高效。根据资源环境承载能力构建科学合理的城镇化宏观布局,以综合交通网络和信息网络为依托,科学规划建设城市群,严格控制城镇建设用地规模,严格划定永久基本农田,合理控制城镇开发边界,优化城市内部空间结构,促进城市紧凑发展,提高国土空间利用效率。

——生态文明,绿色低碳。把生态文明理念全面融入城镇化进程,着力推进绿色发展、循环发展、低碳发展,节约集约利用土地、水、能源等资源,强化环境保护和生态修复,减少对自然的干扰和损害,推动形成绿色低碳的生产生活方式和城市建设运营模式。

——文化传承,彰显特色。根据不同地区的自然历史文化禀赋,体现区域差异性,提倡形态多样性,防止千城一面,发展有历史记忆、文化脉络、地域风貌、民族特点的美丽城镇,形成符合实际、各具特色的城镇化发展模式。

——市场主导,政府引导。正确处理政府和市场关系,更加尊重市场规律,坚持使市场在资源配置中起决定性作用,更好地发挥政府作用,切实履行政府制定规划政策、提供公共服务和营造制度环境的重要职责,使城镇化成为市场主导、自然发展的过程,成为政府引导、科学发展的过程。

——统筹规划,分类指导。中央政府统筹总体规划、战略布局和制度安排,加强分类指导;地方政府因地制宜、循序渐进抓好贯彻落实;尊重基层首创精神,鼓励探索创新和试点先行,凝聚各方共识,实现重点突破,总结推广经验,积极稳妥扎实有序地推进新型城镇化。

4.4.3　发展目标

——城镇化水平和质量稳步提升。城镇化健康有序发展,常住人口城镇化率达到60%左右,户籍人口城镇化率达到45%左右,户籍人口城镇化率与常住人口城镇化率差距缩小两个百分点左右,努力实现1亿左右农业转移人口和其他常住人口在城镇落户。

——城镇化格局更加优化。"两横三纵"为主体的城镇化战略格局基本形成,城市群集聚经济、人口能力明显增强,东部地区城市群一体化水平和国际竞争力明显提高,中西部地区城市群成为推动区域协调发展的新的重要增长极。城市规模结构更加完善,中心城市辐射带动作用更加突出,中小城市数量增加,小城镇服务功能增强。

——城市发展模式科学合理。密度较高、功能混用和公交导向的集约紧凑型开发模式成为主导,人均城市建设用地严格控制在 $100\ m^2$ 以内,建成区人口密度逐步提高。绿色生产、绿色消费成为城市经济生活的主流,节能节水产品、再生利用产品和绿色建筑比例大幅提高。城市地下管网覆盖率明显提高。

——城市生活和谐宜人。稳步推进义务教育、就业服务、基本养老、基本医疗卫生、保障性住房等城镇基本公共服务覆盖全部常住人口,基础设施和公共服务设施更加完善,消费环境更加便利,生态环境明显改善,空气质量逐步好转,饮用水安全得到保障。自然景观和文化特色得到有效保护,城市发展个性化,城市管理人性化、智能化。

——城镇化体制机制不断完善。户籍管理、土地管理、社会保障、财税金融、行政管理、生态环境等制度改革取得重大进展,阻碍城镇化健康发展的体制机制障碍基本消除。

4.4.4 全球视野下的城镇化模式

仇保兴认为,城镇化对一个民族、一个国家而言,实际上只有一次机会,因为随着城镇化进程的结束,城镇和重大基础设施布局一旦确定后,就很难再改变。曾任联合国助理秘书长的沃利·恩道曾经感叹:城市化极可能是无可比拟的未来光明前景之所在,也可能是前所未有的灾难之凶兆。

美国地球政策研究所所长、生态经济学家莱斯特·R.布朗认为,城镇化和经济发展的模式可分为两种:一种叫 A 模式,另一种为 B 模式。前者是以美国为首的发达国家的发展模式,其主要特征为:城市低密度蔓延,私人轿车为主导的机动化,化石燃料为基础,一次性产品泛滥等。其结果是:美国以占世界 5% 的人口却消费了 1/3 以上的世界能源。A 模式是造成高油价、高排放和高粮价的主因之一。

法国学者塞奇·拉脱谢尔等人提出"反增长计划"。该理论认为:为增长而增长对生物圈承受极限造成了极大的压力,因而是不可持续的,生态危机尤其是温室效应的持续恶化,使得反增长对缩减我们的经济规模而言是必要的,也是值得的。因此,其目标应该是用一种非增长的社会来代替目前增长的社会。其基本措施包括:将物质生产规模恢复到 20 世纪六七十年代的水平;农业生产小规模化;减少能源消费等内容。他们反复强调:只要在社会与环境生命支持系统保持平衡的情况下,减少资产、人口及不必要的包袱,人类社会就可以在转折和衰退的过程中保持"繁荣"。

而厄尔·库克在《人类、资源与社会》一书中预言,人类社会将分三步"退回低能量状态":第一步是保护阶段,通过减少浪费和奢侈,提高交通运输工具和建筑物的有效利用;第二步是关闭部分工厂,减少服务项目,从煤中提炼甲醇燃料代替传统燃料;第三步的特征是大多数的工人回到农场,出生率下降等等。这就是所谓的 B 模式。

许多发展中国家按照 A 模式思路,推行了以放松政府管制、加快大城市发展、削减社会开支、推行私营化等为主要内容的所谓"华盛顿共识"。但仅仅 10 多年的实践之后,原本繁荣的拉美经济体数次面临崩溃。

"反增长计划"同样不可行。带来富国与穷国、富人与穷人之间更严重的发展不平等,社会保障在经济上失去可能性,高素质劳动力灾难性地减少等,从而进一步加剧经济危机、政治危机和社会动荡。

张夏准在《富国陷阱:发达国家为何踢开"梯子"》(社会科学文献出版社,2007)一书中描述:遵循 A 模式而暴富的当今发达国家,必然会以地球资源和能源短缺为借口,试图踢开那张使发展中国家爬到顶端(即发达繁荣)的"梯子"。即以 A 模式为样板来推行政策和制度,并向发展中国家介绍所谓的"好政策、好制度"(即 B 模式),以此来阻止发展中国家的发展。显而易见,发展中的大国按照 A 模式发展将是不可持续的。

C 模式有所不同。第一,立足于提高民众的生活质量,促进社会和谐而不是资本的逐利,使其成为社会生产活动的根本目标和动力机制。第二,生态社会和经济可持续性将最终取代单一的经济发展,成为各级政府首要的政策目标。第三,经济增长的推动力从传统的消费、出口和投资转向符合生态文明的绿色消费、内需为主和对可再生能源、循环经济、生态修复和环境保护的投资为主。第四,土地作为生态环境的"底板",需要在人类的自身需求与维护生物多样性之间进行公平的分配。第五,可再生能源应用与建筑一体化将引发建筑革命。第六,伴随着城镇化的深入推进,逐步实现从出口导向型发展战略向内需消费和服务外包相结合的模式转变。C 模式是在坚持发展的前提下,既充分利用市场机制的高效,又能低成本地补偿其负面影响的新型城镇化模式。这种对 A、B 模式摒弃和超越的新模式,是一场经济、政治、社会等诸领域的深刻革命。

今后 15～20 年是我国城镇化持续发展时期。正确选择通向生态文明和其他文明和谐发展的路径,是 C 模式最终能否实践的关键。

5 城市决策的主体、组织与结构

5.1 中国决策体制的形成与基本特征

历史制度主义认为,一种体制是在一定的社会、经济、文化的历史条件下生成和发展的。在特定历史环境下形成的体制会构成不断强化和变迁的路径依赖。诺斯指出:"人们过去做出的选择决定了他们现在可能的选择。"

1949年,中国共产党取得全国政权,面临巩固政权、治理国家的问题,必须建立一种适合中国国情的基本制度,包括决策体制,以及中央和地方分权等具体的制度设计。

"管理是决策",决策体制是一个国家政治经济社会运行管理体制的中枢系统,是决定每个城市发展的关键因素之一。在中国共产党领导革命、创建新中国的长期历史过程中,我国已形成并确立以中国共产党为领导核心的决策体制,改革开放后我国经过历次决策体制改革,以促进决策民主化、科学化和法治化为目标导向,着力推进决策体制从个人决策向民主决策转变,从经验决策向科学决策转变,从决策组织高度集中向决策组织结构分化转变,从封闭式决策向开放式决策转变,从被动参与决策向自主参与决策转变,从决策非制度化向决策制度化的转变,逐步形成以中国共产党为主导、多方参与、科学论证、过程开放、依法运行的决策模式。实践证明,我国的决策体制逐渐呈现集中化的趋势,决策体制改革较为成功地应对了经济社会迅猛发展和巨大变化带来的各种挑战。同时也存在决策结构专业化分工程度不高、决策方式偏重经验决策——制度化程度偏低、决策过程相对封闭和缺乏自我修正与调节机制等弊端。

改革开放以来,中国社会发生了广泛而深刻的变化。美国学者李侃如(Kenneth Lieberthal)提出:"许多西方社会科学的概念模式并不适用于中国的经验,所以了解中国就更具有挑战性……这个空前巨大和多样的国家，正不可避免地发展出自己独特的态度和条件的混合体。"简单以经济决定政治的"经济决定论"无法诠释中国发生的深刻变化。同样在中国共产党领导和国家政策主导社会发展的基本模式下，改革开放前后中国经济和社会呈现出明显不同的形态。要深入理解中国及其城市的发展变化，不仅要真实呈现发展变化的现象，更需要深入到决定和影响当代中国发展的决策体制本身。中国的决策体制是政治体制的中枢系统，也是决定中国城市发展的关键因素。

由于中国的决策体制形成的历史与实行的政党制度与西方国家不同，决定了中国共产党作为执政党与西方国家执政党在国家决策体制中的地位和作用是不同的。西方国家实行竞争性政党制度，在大选中胜利的政党成为执政党后，主要是通过推荐党的成员组成政府来实施党的主张和政策，党组织并不直接领导政府。中国并不实行竞争性政党制度，这就形成了中国决策体制的两个基本特征：

一是中国共产党在国家决策体制中居于领导地位。这意味着在决策体制中，共产党与其他决策行为主体之间不是平行、并列的关系，而是领导与被领导的关系，各国家机关都在中国共产党的直接领导下履行各自不同的职能。中国共产党作为执政党的政治领导作用，主要是通过制定国家的立法指导思想以及路线、方针、政策来指导其他国家机关的各方面工作来实现的。"党指挥枪"是"党军关系"的形象表述。党对人民军队实行绝对领导的原则孕育于 1927 年 8 月 1 日南昌起义，萌芽于 1927 年 9 月秋收起义部队在三湾改编时，确立在 1929 年 12 月毛泽东主持制定的"古田会议决议"中。中国共产党与各民主党派的关系在国家政权中表现为执政党与参政党的关系，并集中体现在中国共产党领导的多党合作和重大决策的政治协商关系中。

二是中国共产党在决策体制中的领导地位是长期不变的。只有把握了中国共产党在决策体制中这两个特点，才能真正理解中国决策体制与西方国家决策体制的根本不同。中国的决策体制在新中国成立初期建立。中国的决策体制在中央层次上主要由"党""政""军""法""民"五个行为主体构成。其中，"党"包括执政党和参政党；"政"包括全国人大及其常委会和国务院；"军"主要指中央军事委员会；"法"包括最高人民法院和最高人民检察院；"民"在狭义上指不担任国家公职的民众和社会团体。五个行为主体之间形成"一个核心"和"四种关系"。

周光辉提出，中国共产党在决策体制中的领导地位是领导中国人民在争取民族独立和国家统一的革命斗争的长期历史中形成的。自1840年鸦片战争以来,随着帝国主义列强对中国的入侵和中国传统的封建帝国秩序的逐步瓦解,中国面临着两个最根本的任务:一是如何建立独立、统一的现代国家,重建政治秩序;二是推动国家的现代化,实现民族的复兴。第一个任务是第二个任务的前提和基础,没有建立独立、统一的国家,没有稳定的政治秩序,不可能实现国家的民主和富强。

1949年10月1日,中华人民共和国正式宣告建立。1954年9月15日,第一届全国人民代表大会第一次会议召开,会议通过了宪法和相关组织法,产生了国家主席、全国人大常委会、国务院、最高人民法院和最高人民检察院。在长期的革命斗争历史中形成的以中国共产党为领导核心的决策体制以立法的形式正式确立。刚刚成立的新中国,既是小农经济占据主导地位的落后的农业大国,面临着实现工业化的艰巨任务;同时又是刚刚实现民族独立与解放的内部分化严重、对外影响弱小的发展中国家。改变过去内部四分五裂的状况,实现政治统一,维护国家的主权和统一;改变过去社会生活的无序状况,重建政治秩序;改变国家"一穷二白"的落后面貌,推动国家的工业化建设,成为当时摆在中国人面前的重要任务。完成上述任务的政治前提,首先要重建中央的权威。在封建中央集权体制瓦解后,分散的地方势力也逐渐消解了中央权威,"这些独立地方性的发展总的来说削弱了一切可能对现代化有利的政治条件","使现代化事业失去了中央政府的协调和指导"。重建中央权威成为新中国推动现代化建设所面临的首要任务。新中国成立初期形成的决策体制为建立中央权威,实现社会的有效整合和重建秩序发挥了关键性作用。根据历史制度分析方法,一种体制的有效性和适应性可以从其与政治、经济互动的历史过程中来理解。

首先,从政治的视角看。近代以来中国社会内部长期处于严重分化的状态。形成这种现象的原因,除了外部势力的干涉外,主要原因有两个,一是中央权威衰落,无法实现政治一体化;二是决策无法在基层有效贯彻,导致整个社会的无政府状态。

新中国成立初期确立的决策体制有3个主要特征。一是决策权力的集中性,表现为决策权力主要集中在中国共产党,党内决策权力主要集中在中央政治局;二是决策结果的统一性,表现为决策一旦做出,任何其他国家机关、组织和个人都不能再另做主张,更不能表示反对,必须坚决执行;三是决策实施的组织性,中国共产党从中央到基层社会建立健全各级党组织,中央一旦做出决策,通过中央到基层的各级组织开会层层传达、动员,并组织贯彻落实。这种决策体制,从横向上保障了中国共产党对国家政权的政治领导,从纵向上实现了中央对地方、地方对基层、基层对个人的政治整合,既为贯彻落实中央的决策提供了组织保障,也促进了生活在基层社会的群众通过基层党组织的领导作用逐步认同中央决策的合法性。美国政治学者亨廷顿在分析政治组织的必要性时曾指出:"组织是通向政治权力之路,也是政治稳定的基础,因而也是政治自由的前提。在那么多处于现代化之中的国家里存在着权力和权威真空,可以暂时由魅力领袖人物或军事力量来填补;但是只有政治组织才足以永久地填补这一真空。"新中国成立初期确立的集中统一的决策体制,一方面从根本上改变了过去国家政权内部分化严重、政出多门、管理软弱无力的状况,有效地保证了中央的政治权威;另一方面,通过党的各级组织系统把中央的决策传达到从城市到乡村的各个基层单位,使中央决策能够在全国范围内有效贯彻实施。

其次,从经济的视角看。中国几千年来都是以小农经济占据主导地位的农业国家,面对世界范围内的现代化进程对中国的挑战,落后的农业经济所导致的被动挨打的惨痛教训,实现工业化就成为近代中国人孜孜不倦的追求。如果说,实现国家的独立、统一,是近代中国实现现代化第一阶段的政治主题,那么可以说,实现国家的工业化就是近代中国实现现代化第一阶段的经济主题。工业化是近代中国实现现代化的必由之路,后发展给中国带来了"赶超式"变革的压力。问题的关键不在于中国需要工业化,而在于要实现的是什么性质的工业化。如何实现工业化,这是摆在当时中国共产党决策者面前的重要课题。在国内工业基础极端薄弱,外部又遭受一些国家封锁、禁运的环境下,要实现工业化,就必须对生产资料的私有制实行社会主义改造,因为工业化需要劳动力、资金、粮食、原料;也就是说,只有建立起与新生的国家政权相适应的新型的生产关系和经济制度,国家政权控制了国民经济的命脉以后,才可能增强国营经济在整个国民经济中的领导地位,这不仅有利于新生政权的巩固,也有利于促进工业化的进程。这意味着中国要走的是社会主义工业化道路,即通过运用国家政权的力量实现对生产资料所有制的改造,通过生产关系的变革促进工业化。当把社会主义改造作为工业化的前提时,这意味着实行的是以社会主义改造为工业化开辟道路的战略。要推行通过社会主义改造促进工业化的战略需要广泛的社会动员,而进行社会动员又需要一个重要的条件,即要有一个强有力的能够实行集中统一领导的中央政治权威。在长期革命斗争中形成的集中统一的决策体制所具有的高效行政干预能力、全面整合资源能力和组织动员群众的能力,为当时促进经济发展和重建社会秩序创造了政治条件。

从 1949 年 10 月中华人民共和国建立到 1957 年底第一个五年计划完成,无论是制度变革还是经济发展都是中国历史上最快的时期。对于新中国成立初期的这样一个超大型的、经济发展水平十分落后、80％人口是文盲,且族群多样、地区差异明显的国家来说,没有一个权力相对集中、具有政治权威的中央决策体制,就无法实现国家政治的统一,也无法进行社会动员和资源整合,就不可能顺利地推动现代化建设。中华人民共和国建立初期的成功实践也表明,这种决策体制成功地应对了新中国初期面临的诸多挑战。

中国共产党在执掌政权后的党内民主建设出现一些波折反复。"八大"结束后不久开展的"反右派运动"窒息了广开言路的民主风气,"大跃进"的决策导致了全国刮起浮夸风,"反右倾斗争"彻底改变了党内民主的进程。"反右派"和"反右倾"两场政治运动在政治领域的表现使决策体制高度集权的结构特征不仅没有弱化,反而日趋强化,到"文化大革命"爆发时,党中央的决策权力已集中到党的领袖个人手中。如邓小平所指出的"党的一元化领导,往往因此而变成了个人领导"。"党和国家的民主生活逐渐不正常,一言堂、个人决定重大问题、个人崇拜、个人凌驾于组织之上一类家长制现象,不断滋长"。决策体制是领导体制的核心部分。这种高度集权的决策体制的弊端主要表现在:一是其他决策机关的功能难以正常发挥,自然形成个人决策的随意性、主观性、盲目性、专断性,导致重大决策失误经常发生;二是决策主体没有任期限制,决策体制没有制度化的自我修正和调节的机制,决策出现重大失误也无法通过正常的机制来制止和调整;三是决策过程没有制度化、程序化,使决策无章可循,导致决策多变、政策不稳定、决策过程不具有可预见性。这种高度集权的决策体制已经制约了社会经济的发展,成为推进中国现代化进程的体制性障碍。邓小平判断:"二十年的经验尤其是'文化大革命'的教训告诉我们,不改革不行,不制定新的政治的、经济的、社会的政策不行。"正是体制性危机使中国共产党和人民形成了改革的共识。

始于1978年底的当代中国决策体制的改革是中国实行改革开放政策的重要组成部分,也是政治体制改革的主要内容。根据新制度主义政治学的理论,制度变迁可分为自发的诱致性制度变迁和政府发动的强制性制度变迁,中国的决策体制改革属于中国共产党主导下的强制性制度变迁。

1978年党的十一届三中全会的召开,不仅实现了党的工作重心由"以阶级斗争为纲"向"以经济建设为中心"的战略转移,而且启动了中国决策体制改革的进程。1980年8月18日,邓小平在中共中央政治局扩大会议上发表"党和国家领导制度的改革"的讲话,向全党提出了改革党和国家决策体制的政治任务。1986年7月31日,时任国务院副总理的万里发表《决策民主化和科学化是政治体制改革的一个重要课题》的讲话,明确提出了决策体制改革的基本目标是实现决策的民主化和科学化。万里的讲话代表了中共中央的集体意志。1987年,中共"十三大"政治报告中明确提出"党的决策的民主化和科学化"。这是中国共产党历史上第一次在党的代表大会的政治报告中表达了这一主张,这也意味着促进决策的民主化和科学化已成为全党的意志。2002年11月,江泽民在"十六大"政治报告中,强调"正确决策是各项工作成功的重要前提",并对改革和完善决策机制提出了总体要求。2007年10月,胡锦涛在"十七大"政治报告中强调,"从各个层次、各个领域扩大公民有序政治参与",提出推进决策科学化、民主化的重点建设领域是增强决策透明度和公众参与度。

中国决策体制改革包括确定决策体制改革目标、决策结构、决策方式和决策机制4个方面。决策的民主化体现价值理性,决策的科学化、法治化体现理性。中国共产党由革命党向执政党转变,决策体制现代化,即必须实现决策的民主化、科学化和法治化。将决策的民主化、科学化和法治化确立为决策体制改革的目标,既是对"文革"沉痛教训的深刻总结,也是对建设社会主义的规律的重新理解和对共产党执政方式的正确把握,更是对决策规律的深刻认识。中国决策体制改革的首要任务就是明确决策体制改革的目标。正确地确定决策体制改革的目标不仅为决策结构、决策机制和决策方式改革指明了努力方向,也为决策体制具体内容的改革指明了路径。

目标管理理论提出,推进面向未来的发展,首先要明确发展目标,没有目标指引,方法和路径毫无意义。

决策的民主化是实现人民民主的内在要求,是整合各方利益诉求、广开言路、反映民意的制度安排。

决策的科学化把科学引入决策过程,利用现代科学技术手段,采用科学方法,按照科学程序,通过科学论证,为正确决策提供技术支撑。

决策的法治化将决策主体、决策过程和决策内容纳入法律调整范围,严格依照法律进行决策。

在现代决策体制中,民主决策、科学决策与依法决策密不可分。没有民主,不能广开思路、言路,就无法凝聚专家和群众的智慧,就无法充分反映广大人民的根本利益和诉求,决策也就丧失了公信力,科学化就失去了意义。没有科学化,没有一套严格的决策程序,没有完善的决策支持系统和科学的决策方法,决策的正确性无从检验,就会经常做出错误的判断,民主化也就成了形式上的东西,没有了实质的意义。没有法律的规范和约束,决策就会失去限制,就会变得随意、不稳定和无法预期。在决策民主化、科学化与法治化三者关系中,民主是基础、是目的,民主规定着决策的价值取向;而科学是方法、是技术手段,科学既无法回答不同利益群体、不同价值之间的平衡问题,更无法回答生命的价值和人类的道德选择问题,所以,科学的方法只有服务于民主的目的才能体现其功能;而法治则是民主决策理性、有序运行的保障和条件。决策的民主化、科学化和法治化规定了决策体制改革的目标和方向,但这种目标只有落实到决策结构、决策方式和决策机制的具体制度的改革上,决策的民主化、科学化和法治化才能变成一种可操作的、现实的过程。

5.2 决策结构及其改革进程

决策结构指参与决策的行为主体(包括个人、组织、机构)之间相互关系的组成方式。各决策行为主体以一定的相对稳定的方式或形式组合起来,形成决策结构。决策结构反映决策权力在不同决策行为主体之间的静态的分配关系。决策结构既决定决策方式的安排和决策机制的设计,也从根本上影响公共权力运行的整体功能。

新中国成立初期中国决策结构的问题,在决策权力结构中,强调纵向的决策权力划分,忽视横向决策权力的职能分工。中国共产党成立初期,由于当时特殊的"白色恐怖"环境及服从战争和武装斗争的需要,同时又受到来自共产国际的影响,基本上接受了苏联共产党的建党模式,即根据民主集中制原则建立纪律严密的等级制组织,并将组织的权力集中于最高层——中央委员会。在长期的革命斗争中,党的主要活动就是领导军队从事武装斗争,政党组织与军队建设相互影响、相互渗透。一方面,政党组织结构受到军事活动的影响,军队的组织属性深深烙在了政党结构之中,形成了共产党组织结构半军事化的特点;另一方面,强调在军队中强化党的"一元化"领导作用,所以逐渐形成了一种习惯,以党的名义下达命令。新中国成立后,在全国范围内开展了反对分散主义和地方主义的运动,忽视了决策权力的横向结构建设,特别是横向决策权力的职能分工模糊,"党政不分",决策权力过于集中于党组织,党内又高度集中于中央,导致其他国家机关在决策过程中的功能无法正常发挥,甚至产生了"以党代政"的现象。另外,由于决策权力高度集中于中央,在决策结构中缺少公民参与的制度化安排,加上决策过程又不够开放,普通公民很难有机会参与公共政策的制定过程。

这种决策结构虽然组织动员能力强,但吸纳来自基层民众诉求的能力却弱。这种缺乏公民自主参与和自我利益表达的决策结构,不仅不鼓励创新,而且在很大程度上依赖决策者对来自民众利益诉求的体认,而一旦这种体认判断有误,就会直接影响决策的公信力,也会带来决策体制的合法性危机。在新中国成立初期,党中央制定重大决策虽然也征求人民团体、民主党派代表的意见,但参与者大都是社会各界的精英,有着明显的"精英决策"特点。

改革决策权力高度集中的决策结构,是实现决策民主化和科学化的客观要求。经过多年的改革实践,已经初步形成了一元主导、多元参与的决策结构。具体表现为:

(1)在保持共产党在决策结构中领导地位的前提下,注重决策权力的横向划分,按照执政党与国家政权机关的不同职能,对公共权力进行合理分工并使之法律化、制度化,使过去"党政不分""以党代政"以党包揽一切的状况得到了明显改变。中共"十二大"通过的党章中明确规定:"党必须在宪法和法律的范围内活动。党必须保证国家的立法、司法、行政机关……积极主动地、独立负责地、协调一致地工作。"这项规定为理顺中国共产党与国家政权机关的关系提供了基本的法律依据。第一,明确了中国共产党必须依法决策,而且中国共产党制定的方针、政策只有经过国家机关的法定程序才能上升为国家意志,成为指导整个国家生活的法律和公共政策。第二,中国共产党必须保证国家立法机关、行政机关和司法机关依照宪法和法律独立负责地行使各自的职权。"党必须在宪法和法律的范围内活动"的规定,是中国共产党历史上首次明确将党置于法律的约束之下。这不仅对于防止党员和领导人享有超越法律之上的特权,改变过去的"以言代法""以政策代替法律"的现象具有重要的作用,而且也标志着中国开始了从"人治"向"依法治国"转变的历史性进程。为了适应党的领导方式和活动方式的转变,从党中央到地方党组织都调整了党的组织形式和工作机构。各级党委不再设立不在政府任职但又分管政府工作的专职书记、常委。撤销了过去与政府机构重叠对口的部门,把管理的行政事务转给政府有关部门管理。凡属国务院职责权限之内的事务,一般不再以党的名义做出决定。例如,国家为应对世界范围金融危机的冲击,2008年11月8日由国务院召开常务会议,研究部署并正式公布了进一步扩大内需促进经济平稳较快增长的措施,也称为"四万亿投资计划"。

(2)为了改变过去决策权力集中于个人手中的现象,健全了从中央到地方党的集体决策制度。主要做法,一是党中央不设主席只设总书记,总书记负责召集中央政治局、政治局常委会会议,主持中央书记处工作。二是理顺中央政治局及其常委会与中央书记处、中央全会的关系,建立中央政治局常委会向中央政治局、中央政治局向中央全会定期报告工作的制度,积极发挥中央委员会集体决策的作用;明确书记处不具有决策职能,只是中央政治局及其常委会的办事机构。三是建立通过正式会议做出集体决策制度。凡属事关国家和社会发展全局的重大决策,视其重要程度,分别由中央政治局常委会议、中央政治局会议、中央工作会议、中央委员会全体会议、党的全国代表大会讨论决定;国务院工作中的重大事项,必须经国务院全体会议或国务院常务会议讨论决定;建立中央政治局、政治局常委会工作规则、会议的议事规则和生活会制度,使集体决策制度化;建立重大问题决策征求意见制度,重大决策之前,都要充分发扬党内民主,深入进行调查研究,认真听取各地、各部门、各民主党派的意见,集体讨论做出决定。例如,党的十七大报告和党章修正案征求意见的范围,由过去的在省部级领导班子中征求意见,扩大到党的十六大代表和新当选的党的十七大代表。

(3) 为了改变过去领导干部实际上的终身制,建立了严格的领导干部任期制度和退职、退休制度。"十六大"实现了中国共产党最高领导层的正常化、规范化、体制化的新老交替。领导干部实行任期制的深刻意义在于,通过权力的和平、规则的交替,形成制度化的决策自我修正和调节机制。而领导干部退休制的确立,则意味着一个社会具有了将政治家还原成普通人的能力,是一个社会政治文明的重要标志。

(4) 完善共产党与各民主党派的政治协商制度,扩大民主党派参与重大决策的权力。1989年,中共中央颁布了《关于坚持和完善中国共产党领导的多党合作和政治协商制度的意见》,确定了民主党派的参政党地位。1993年召开的第八届全国人民代表大会第一次会议,将"中国共产党领导的多党合作和政治协商制度将长期存在和发展"载入宪法,从而使多党合作与政治协商制度有了宪法依据。目前,民主党派参与政治决策主要是通过两种制度化方式。一是直接通过提出政策建议或提案的方式参与决策。如1986年3月,九三学社成员向中共中央提出了《关于跟踪世界战略性高科技发展的建议》,中共中央、国务院根据这个建议,制定了中国科学技术发展史上具有里程碑意义的"高技术研究发展计划(863计划)纲要";如中共中央做出的建立上海浦东经济开发区的重大决策,就是根据民盟中央向中共中央报送的《关于建立长江三角洲经济开发区的初步设想》制定的。二是与中国共产党在重大决策之前进行民主协商。1990年至2009年,中共中央、国务院及委托有关部门召开的协商会、座谈会、情况通报会达287次,其中中共中央总书记主持召开或出席的有85次。民主党派参与政治决策既是决策民主化的重要形式,也是决策科学化的重要内容。民主党派通过协商会、座谈会或政协大会,以书面意见建议或发表意见的方式参与国家重大问题的协商,一方面,有利于各民主党派的意见和主张在政治决策中得到充分表达,使决策具有广泛的代表性和包容性;另一方面,也是党中央广集民智,实行科学决策的重要环节,从而有利于减少决策失误。

(5)建立相对独立的决策咨询机构,完善决策结构科学化功能。决策咨询机构的相对独立性是指,在组织上它不是权力系统内部的一个政策研究部门,它的工作方式不是行政化的;在政策咨询特别是为决策提供论证方案的研究过程必须是独立的。也就是说,任何形式的研究课题都应由专家根据客观实际,按照科学方法得出自己的结论,而不是决策者先做结论,由专家来"证明"这一结论的合理性。改革开放以来,政策咨询机构和专家、学者为重大决策提供智力支撑和决策咨询,发挥着日益重要的作用。随着重大决策事前广泛征求意见和决策方案论证的制度化,决策咨询系统不仅承担着保障科学决策相对独立的职能,而且成为决策结构中不可替代的重要组成部分。近年来,特别是在一些重大公共政策制定方面,专家、学者参与的广度和深度都有了明显的进展。例如在国家中长期科技发展规划制定过程中,全国就有4 000多位各个领域的专家参与其中。

(6)大众传播媒体成为决策结构的重要组成部分。随着我国大众传播媒体产业化和市场化方向改革的深入,促使大众传媒的角色认知和功能发生了重要的转变。大众传媒要想通过增加收视率来提升广告收入以维系自身的生存和发展,就必须考虑民众的需求,倾听民众的心声,通过反映社会现实、表达民众的诉求来建立公信力,这就从根本上改变了它过去仅是党和政府的喉舌,而日益成为表达民意、在政府与公众之间进行信息沟通的重要平台,成为增强国家制定政策透明度的重要窗口。特别是互联网的普及,为社会不同利益群体提供了一种十分便捷的互动交流、参与决策的平台,使得大众传播媒体参与和影响决策的作用更加凸显。

5.3 中央与地方分权

5.3.1 纵向分权的利弊

与三权分立的横向分权相比,纵向分权更为重要。比较研究西方历史,任何国家的政治治理不可能由单一层面的政府来完成,即使是最独裁的政府也无法做到一切公共决策都由中央做出。在民族众多、各地区发展不平衡的大国,往往会采取更大程度的中央和地方的分权,常常表现为联邦制。对疆域辽阔的大国来说,分权可以分担治理责任;加之各地制度差异会带来不同的制度收益和成本,从而形成制度市场,使人们有更多的制度选择,如"用脚投票",使有效率的制度取代无效或低效的制度。允许地方自治或在治理上有一定的自主权,也具有一种激励制度创新和制度竞争的功能。另一方面,实行较高程度的分权也有弊端,如地方割据、分裂甚至战乱的风险,以及由于各地规则不统一带来的缺乏法律同等保护、交易费用过高等。

1949 年,中国共产党取得全国政权,必须建立一种适合国家治理的基本制度,其中的一个重要方面是中央和地方的分权。政制是一个国家的根本制度,其针对和所要解决的是这个社会的具体问题,一个国家也许没有系统阐述的宪法理论,但它一定存在着政制问题;没有成文的宪法,也会有政制实践。历时性的研究将政制视为一个过程,思考的是事而不是词,强调经验的维度,即权力在不同级别的政府之间的分配。政制的发展和实践并不是理论产物,而更多受政治家或政治家集团对社会问题的理解、思考和决策的影响,受社会政治力量的影响。保持"一种对历史感的坚定承诺。……试图突出宪政决策所发生的社会和政治环境"。一切制度所要处理的问题在不同国家必定会以不同形式表现出来,解决的办法也可能不同,解决的形式、路径也不同。更重视考察诸如毛泽东、邓小平等政治领袖的广义的政治判断和决策,如《论十大关系》政治论述等;重视执政党的党内斗争、经济体制改革这样一些重大的历史事件,认为这些判断、决策、历史事件是影响甚至决定中国政制发展和实践的主线,是影响中国政制形式和内容的重大要素。毛泽东等中国共产党领袖注重实际的态度、开阔的政治视野和敏锐的政治洞察力,促使他们面对中国问题时考察了各国政制实践,进而做出一种清醒的判断,其中甚至有理论的贡献。

5.3.2 新中国成立初期的政治考虑

中国地域广阔,民族众多,由于政治统治的需要,自秦汉以来,一直以不同的方式维持多级政府的体制。这种体制以中央集权为根本特征,并没有联邦制的分权概念,而是形成了"皇权与绅权"共治的局面。近代自清末和民国初年开始,一些政治家和学者提出并主张地方自治,并付诸实践。1949 年中国建立了高度中央集权的单一制。

周光辉分析提出,政治家都是实用主义者,无论是单一制还是联邦制其实都是解决国家治理问题的工具,这两种制度本身不具有独立的意义,其意义在于且仅仅在于能否实现政治家以及其代表的社会群体所追求的目的。至于选择的工具能否实现这个目的,则取决于社会各方面的条件。要理解1949年后中国的纵向分权问题,必须考察当时中国社会面临的主要问题,考察当时的中国共产党人,特别是其核心层对这些问题的理解,以及他们试图解决这些问题的基本思路。

首先,中国是一个各地经济文化发展不平衡的国家,它没有统一的市场,甚至在中国经济中占主导地位的仍然是农业,工商业基本集中在东部沿海地区的一些大中城市。自给自足的农业经济使得广大农村可以相对独立于城市。没有经济联系作为纽带,各地之间的联系就相当松散,如果没有高度的政治上、文化上的统一,就很容易发生分裂或割据。

其次,虽然近代以前的中国在一定意义上是一个封建专制国家,但由于它是一个地域辽阔的多民族大国,没有欧洲16世纪的那种绝对主义国家的历史,因此中国的皇权对全国更多的是一种政治文化意义上的统治。"天高皇帝远"是中国近代以前的一个现实,国家权力没能有效深入到社会之中,当时的中国人缺少一种民族的认同,主要是一种文化的认同。

再次,近代中国又是一个受到各个列强间接控制的国家,各帝国主义国家对中国的各地有不同程度的影响。新中国的政治性质使得西方各国不愿意出现一个统一的大国,它们希望并且实际上在中国制造某种政治上的分裂以及经济上对于列强的依赖。

建国是中国近现代史的一个主题。建立统一的民族国家,是实现现代化的最基本条件。没有统一的民族国家、统一的政治架构和统一的法律,不打破传统经济的封闭性,就不可能实现现代的经济变革,就无法发展现代的工业和商业,无法建立统一的军队和现代官僚体制乃至现代国家。建立单一制的中国政制架构几乎是理所当然的选择。即使是从逻辑上看,在一个内部联系松散、政治上四分五裂、地方割据的社会中,也根本谈不上分权;只有在中央和地方之间已经建立起一种比较紧密的政治关系之后,分权才可能作为一个政制的问题提出来。换言之,分权的前提是统一。对于1949年建立的新中国来说,当时的首要问题不是分权,而是如何集权。

新兴政权和平交接和新的制度形成需要时间这两个现实问题,制约了革命政权最初几十年的制度结构,形成一个比较特别的时期。从中国历史上的朝代更替来看,这是一个政权从魅力型统治向法理型统治或传统型统治转化的时期,不仅要考虑长治久安,必须首先能够从容应对政权稳定交接等现实问题。这个中国的特殊国情和特殊阶段，是在西方政制理论框架中无法借鉴的。毛泽东和第一代中国共产党的领袖判断"中国革命是中国共产党领导的农民革命"，中国革命走的是农村包围城市的道路，其政权和军事力量都是在各个根据地独立发展起来的，各路大军统帅是党政军一手抓的地方"诸侯"，是一些说一不二的魅力型领导人，事实上形成了许多"山头"。弄不好，有可能重新回到军阀割据的局面。毛泽东深刻地意识到这个问题，与此相伴的是一系列政治措施。新中国成立初期，全国划为东北、华北、华东、中南、西南、西北 6 大行政区，各大区设立中共中央的代表机关中央局。除华北外，其他5 个大区都设有大区行政机构。1954 年，中央撤销各大行政委员会，令各省对中央负责，以"众建诸侯"的方式进一步削弱了地方割据的风险。与此同时，设立更多的大军区，大军区的第一政委由当地省委第一书记兼任。但地方并不控制军权，军权一直归中央军委直接管。省军区、军分区都没有野战部队。防止第一代打仗出身的军政领袖长期握有太重的甚至可能导致分裂的权力，是维护国家政权的集中领导所采取的重要的措施。

中国在当年实行强有力的中央集权，压缩地方权力，几乎不可避免。保证党的统一，国家的统一，权力的集中，消除任何可能危及政权的危险，这是当时的中国共产党的最高层必须注意的一个大问题。

高度的集中领导带来了很多问题。从经济上带来了中央"统得过死"的问题。1956 年，毛泽东发表了著名的《论十大关系》，在这篇文章中，第一次从政制结构的层面讨论了中央和地方分权的问题。毛泽东承认，中央和地方的关系是一个矛盾，要解决这个矛盾，目前要注意的是，应当在巩固中央统一领导的前提下，扩大一点地方的权力，给地方更多的独立性，让地方办更多的事情。毛泽东认为，因为中国是大国，人口众多，情况复杂。分权管理比集权管理更好。他明确指出，"我们不能像苏联那样，把什么都集中到中央"。毛泽东不能完全相信中央的官僚的"条条"统治，同样注意"块块"的问题。他特别提到高饶事件，"我们新中国成立初期实行的那种大区制度，当时有必要，但是也有缺点，后来的高饶反党联盟，就多少利用了这个缺点。以后决定取消大区，各省直属中央，这是正确的。但是由此走到取消地方的必要的独立性，结果也不那么好"。他希望建立一种相对灵活的政制架构，能在中央和地方的权力之间达成一种有利于全国整体利益的平衡。

根据当时的经验和实际情况，毛泽东提出几条基本的措施。首先是要提倡"同地方商量办事"的作风。其次，把当时的经济问题分为两类，一类主要靠中央管，例如发展工业，建立全国的国民经济体系;另一类则主要靠地方管,例如农业和商业。第三,强调限于"我们的经验还不多,还不成熟",因此这是目前的做法。

毛泽东曾分析长期中央集权对中国经济发展的影响,认为相比而言欧洲和美国发展就比较快,"处理好中央和地方的关系……这个问题,有些资本主义国家也是很注意的。它们的制度和我们的制度根本不同,但是它们发展的经验,还是值得我们研究"。"一条原因是欧洲分成了许多国家,有利于充分发挥积极性,美国发展也快,原因则是各州有相当大的自治权"。毛泽东接见美国友人斯诺时提到,中国中央政府集中的权力,"要学你们美国的办法,分到五十个州去"。

毛泽东在讲话中提出地方的上下级关系,强调"省市也要注意发挥地、县、区、乡的积极性";省市与省市之间的关系,"要提倡顾全大局,互助互让"。各级领导人"好好研究讨论,并且每过一个时期就要总结经验"。

总结以上讲话,可以看出,毛泽东分析讨论分权问题的基本前提是要巩固中央的统一领导,放权不能危及中央的领导权威。毛泽东关心的是中国面临的问题而不是书本上的概念,因此,尽管苏联是联邦制国家,他却认为其权力过于集中;相反,由许多国家组成的当时最多也只是有共同体之萌芽的欧洲,在他眼中却已然是一个分权的政治实体;后来西欧的发展也印证了毛泽东隐含的预见。毛泽东对中央与地方的分权问题基本上拒绝了将其制度化。无论是强调"商量办事",强调"目前",还是要求"每过一个时期就要总结经验",都蕴含了至少在当时对制度化分权的否弃。毛泽东从经验出发,而不是从概念出发,寻求按照事务的类型来发现分权的可能性,并且试图将分权和协作概念延伸到各级政府以及各地政府之间。

5.3.3 两个积极性的基本思路

历史发展证明毛泽东的这一思路大致是成功的。新中国成立以来,特别是改革开放后,一方面,中国保持了国家的统一,政权的和平转移,各地经济逐渐形成整体,地域观念和地域经济的独立性大大削弱;另一方面,地方的自主性、积极性也大大增强。新中国基本完成了统一、独立、自强的战略目的,确立了促进中国经济、政治、社会发展的最重要的前提条件。从实用主义的角度看,两个积极性的基本思路是当代中国政制形成的一个成功的选择。

在一个内部联系松散、政治上四分五裂、地方割据的社会中,根本谈不上分权;只有在中央和地方之间建立一种相对稳定且比较紧密的政治关系之后,分权才有可能。改革开放后的分权是以之前30年的集权为前提的。

在1978年以来的分权进程中，保证中央的集中统一领导仍然是一个重要的补充性应急措施。如1988年，当中国经济过热，面临治理整顿之际，邓小平强调中央要有权威，强调地方政府不能搞违背中央政策的"下有对策"。在事关中国统一的关键时刻，邓小平仍然强调中央的集中统一领导，以政治权威、党的纪律作为必要的政制约束补充。

5.3.4 经济手段与政治授权

20多年来中央似乎仍然不时有"收"有"放"，具体措施与前30年有很大的不同。不再以激烈的政治措施为主，而多采取经济手段。

首先，随着新一代地方领导人的政治权威更多来自中央的政治授权，他们已经不像以前从战火中走出来的"封疆大吏"那样有能力同中央政府对抗。其次，毛泽东时代初步形成的技术官僚队伍和相应制度得到改善，并开始制度化。按照韦伯的观点，这两者都是法治型统治的重要和必备的前提条件。第三，中国经济的发展，包括全国一盘棋的计划经济，特别是市场经济的发展，使得各地的经济形成有机连带。第四，新中国成立30年后已经形成的现代民族国家的政治上层建筑和意识形态，使各地不再有地方割据的经济和政治可能性。第五，由于经济的发展，特别是由于1990年代中期之后的一系列经济体制改革，中央手中的钱逐年增多，经济调控手段增强了，也更有效了，因此没有必要像以前那样更多依靠政治纪律、人事调整乃至宫廷政治的手段。中央与地方分权的诸多前提条件已经基本具备。

"两个积极性"最主要的问题是"协商办事"中的非制度化因素，中央与地方各自权限受政策影响过大，受个别领导人的权威和判断影响过大，受客观情势的影响过大，因此有更强的"人治"色彩。非制度化的安排使人们的预期不确定，地方的积极性有时很难充分发挥，地方领导人的创新精神更可能受到压制，并且往往培养出机会主义的政绩观。

这些问题并不意味着当初就已经有了制度化纵向分权的可能。如前所说，政制的制度化分权针对的是社会的常规状态。毛泽东等领导人在思考这个问题时，新中国刚刚建立，他们完全没有治理一个现代中国的经验，这种经验只能通过实践并需要时间才能累积。设想一下，如果从一开始，就采取制度化的中央与地方分权，有许多问题——例如高饶的问题——就很难解决，甚至可能增加外国势力——例如苏联通过高岗——对国内政治格局的影响。在中国还缺少现代政制分权经验的情况下，急急忙忙地制度化，一旦中央与地方权力配置不当,无论是中央权力过于集中还是地方权力尾大不掉,都有可能带来一些灾难性的甚至完全断送国内和平的后果。在这些问题上,法学家和宪法学家必须超越形式主义、法条主义和概念主义,充分理解包括分权问题在内的政治制度从来不是在真空或恒定的社会条件下形成的,而总是在一个不断变化发展的社会环境中,以及当代中国还必须在各种国际力量的互动中逐渐形成,它必须针对和解决的首先是当时社会所面临的根本问题。在一个非常规时期,权力架构要服从的首先也许不是某个抽象的政制原则,而是波斯纳所谓的"必要之法"。从这个角度看,这种中央和地方"商量办事"的非制度做法,这种"每过一个时期就要总结经验"的渐进式道路,就当时的情况而言可能更有道理。它不是强调分权理念与制度原则的先在性、先验性,而是强调制度是实践的产物,是经验的产物,是要解决具体社会中的问题。

其次,任何制度要成为一种规范都需要时间,政制意义上的规范尤其如此,对于政权的常规化并形成政制则更是如此。毛泽东提出的这种商量办事、不断摸索、及时调整的政制分权思路至少在过去的数十年间就总体而言是很有道理的。也许恰恰是在权衡了各种可能的选项和后果之后,毛泽东有意选择了这样一种非制度化的商量办事的道路。只有通过这种道路才更有可能形成某种稳定且可行的制度化的纵向分权。

当年倡导地方与地方之间"顾全大局,互助互让",如果说在毛泽东、邓小平时代还可以行得通,在今天就很难落实了,因为分权后的地方利益更为突出了。目前在中国市场经济中普遍存在的地方保护主义就是一个证明;非制度化的分权带来的预期不确定,"上有政策,下有对策"会造就机会主义的政治经济社会伦理,不仅不利于中国统一的市场经济发展,而且会威胁中国的政制统一和稳定。

立法权集中未必是良药,政治经济文化发展不平衡和大国的背景是近代以来中国政制的中心问题,是影响中国政制架构的根本特点。高度的集中统一必定造成地方的灵活性少、自主性、积极性少;而地方主动性高则必定导致规则的统一程度低。在"统得过死"与"法律不统一"这两害不可能同时根除的情况下,必须权衡利弊。任何分权的制度结构都无法完全消除这个权力统一和分散之间的悖论以及可能引发的种种社会问题。中国的立法体制应当在统一性和多样性之间保持一种必要的张力,寻找黄金分割点。

中国法学界有强调中国的改革应当是"小政府、大社会"的观点,要弱化中央的权力,甚至明确主张采取联邦制。"小政府"的前提是要先有一个"大社会",一味强调小政府,即使在当代中国的现状下,弄不好也会出现"弱政府,小社会"。一个弱政府不但不可能为社会提供必要的公共物品,例如国防和治安,社会福利,甚至很难保障人民的基本权利,人们将不得不更多依赖地方宗法家族势力或地方群体。总体来说,没有一个良好的强有力的全国政府,公民就不可能享有作为公民的权利。

自 20 世纪 90 年代以来,在中央和地方分权问题上,中国已有一些制度化创新的趋势。1979 年《地方组织法》、2000 年《立法法》规定了地方的立法权限。中央给予地方一系列改革开放的政策,例如 1990 年代以来的税收制度和银行体制的变革;中央政府为减轻农民负担采取的一系列经济决策;已经形成的关于地方官员特别是省市长任免的政治习惯等。

政制最核心问题就是权力和利益的分配。税收、财政、金融体制在现代国家中央与地方的关系中占据了重要地位,因为税收的征集和分配是从根本上影响中央与地方关系的第二种基本方法,因为财政关系是政府间关系的核心问题。1994 年的税制改革按照中央与地方的事权划分了各级财政的支出范围;根据财权与事权相统一的原则,划分了中央与地方收入;实行中央财政对地方的税收返还和转移支付制度。实践表明,分税制的实施开始把中央与地方分工合作的关系导入一条制度化的轨道。因此,早在 5 年前甚至更早,就有中国经济学家称其为"中国式的联邦制"或"财政联邦制"。1998 年中国中央银行制度改革,废除了按行政区域设立省级分行的制度,跨省区设立了 9 大分行,直接对中央银行负责。这种制度变革基本上剥夺了各个省、市、自治区首长干预地方银行从而影响国家金融政策的可能,提高了国家货币政策执行的效率,强化了中央政府通过中央银行对全国经济的宏观调控,这表明中国的经济、政治统一性的加强,标志着中国各地经济的内在联系进一步强化。

近年来中央政府关于农村税费制度改革等一系列措施强化了中央政府在乡村的治理能力,乡政府将在更大程度上被纳入国家的官僚体制,有可能从根本上改变长期存在的中国先前乡政权一级的"绅权"性质。

目前的一些政治惯例,例如,近些年来,各省、直辖市的行政首长实际上都是由中央政府确定候选人,最后需要地方人大以"选举"方式认可。这种做法,既不同于许多单一制国家的地方行政首长中央委任制,其政治合法性来自中央授权;也不同于联邦制国家地方政府首长的选举制,其政治合法性来自地方选举。中国目前这种地方首长的任职制度,一旦稳定下来并制度化,就创造了中央与地方关系的一种可能,成为一种中央与地方相互制约的具有政制意义的制度。可以说,这一宪法惯例已经给中国的单一制政体带进了联邦制的因素。这样的制度因素在发挥一定的作用。

5.4　中央与地方关系模式

对于当代中国的中央与地方之间的关系,海内外学者主要概括提出 4 种主要理论,分别是单一制、碎片化权威理论、事实联邦主义理论和委托—代理模式。

5.4.1　单一制

单一制是国内外学者分析当代中国的中央与地方关系的主流模式,又分为民主集中单一制、复合单一制、失衡单一制 3 种观点。

1) 民主集中单一制

童之伟认为,我国宪法序言将我国定位于"统一的多民族国家",第 3 条规定,"中华人民共和国的国家机构实行民主集中制的原则"。这表明,我国的结构形式是单一制,从整体上属于民主集中单一制类型。中国特色的民主集中制包括 3 种实践模式:一是中央与普通行政区域的关系模式,二是中央与民族区域自治地方的关系模式,三是中央与特别行政区的关系模式。相对于其他两种模式,第一种模式居于主导地位。

张海廷(2002)认为,由于政党、历史、计划经济体制的惯性和影响,我国的中央与地方的关系,更多地具有中央集权的特点,应属于中央集权的体制模式。

2) 复合单一制

艾晓金在《中央与地方关系的再思考——从国家权力看我国国家结构形式》文中提出,我国的国家结构应该是一种复合式单一制。从权力划分的角度考察国家机构,关键看中央政府在国家权力体系中的地位和成员单位拥有国家权力的来源。在单一制国家,权力来自人民。国家权力由中央政府承担和体现,地方政府行使的国家权力来源于中央政府的授予和规定。在联邦制国家,联邦政府和成员政府在宪法规定的范围内享有最高权力。联邦政府的国家权力只是国家权力体系中的组成部分,成员政府的国家权力直接来自宪法的规定和授予。因此,我国的国家结构形式既不同于典型的单一制,更有别于典型的联邦制。与单一制国家的不同之处在于:第一,我国的国家权力由全国人大和地方各级人大共同承担和体现。第二,地方政府的国家权力并不完全源于全国人大的授予和规定。除了各级人大授权各级政府,各级党的组织也对同级的政府行使领导权。这样就构成了国家权力的二元结构。"使得我国国家结构很难用单一制或者是联邦制来简单概括","我国的国家结构应该是一种复合式单一制"。

不管是民主集中单一制还是复合单一制,都是传统的国家结构理论的产物。从宪法的角度看待中央与地方的关系,容易忽视这种关系存在着鲜活的制度运作及其结果。因而,上述两种观点很难实质性概括中央与地方的关系。

3) 失衡单一制

失衡单一制曾经是一段时期内学术界的主流观点。王沪宁认为,改革开放以来,中央与地方的关系发生偏向于地方的失衡。"调控一体化失衡指中央设定的调控目标无法达成,应归中央调控的总体行为和地方行为游离于中央调控之外。由此引出整个社会的某些无序状态","极而言之的'诸侯经济',被用来形象地描绘这一状况"。而中央与地方关系失衡的根本原因,就是"现代化过程中有限的社会资源总量与剧增的社会需求总量之间的矛盾"。

林尚立(1998)也认为中央与地方关系失衡,"在企业和地方权力扩展的同时,中央政府相对而言却出现了权力弱化的趋势。这既体现在中央宏观调控能力的削弱,也体现在'地方割据'的强势对中央的抗拒"。出现"强地方弱中央"的局面,源自非制度化和非法律化的传统所带来的中央与地方的关系及其发展。

失衡论揭示了当代中国的中央与地方的关系的部分特征,看到地方权力的扩张与中央权威的衰落,却忽略在改革的进程中,中央的权力并非没有扩张,如中央对地方的主要人事安排趋于强化控制。

5.4.2　碎片化权威理论

碎片化权威理论(Fragmented Authoritarianism)的代表人物及其观点是美国著名中国问题专家歇尔·奥森伯格两人合著的《中国的决策:领导人、结构和过程》。他们将当代中国的官僚制结构、政策过程联系在一起,通过考察大规模能源发展项目的决定过程,"揭示出的是一个碎片化的、分割的、分层的国家结构。这促成了相关部门之间进行谈判、讨价还价和寻求共识的体制。政策过程在此领域是不连贯的、耗费时日的、渐进性的"。碎片化权威理论并非专门研究中央和地方关系,而是试图揭示中国政治的政策过程及其特征,书中提到,"尽管正式制度发挥着人们期望的作用,但众多的组织机构仅能够部分地给人们理解中国政体的真实权力关系提供指导。表面上看起来统一的、等级性的命令链条，实际上却是分裂的、分割的和分层的"。"权威的碎片化是中国（政治）体制的核心维度"。

碎片化的权威结构具有多方面表现。首要是中央与地方的关系。"中央与省的关系的主要特征就是，存在着密集的讨价还价现象。任何一方都不能全然忽略对方的利益和需要。中央与省的关系变化通常都是边际性的调整。它对对方的关系平衡所产生的影响，常常没有公开宣传……的那样显著"，"情况常常是，公开认可增加省的权力，伴随着有利于中央的默不作声的、补偿性变化。并且，中央政府控制各省的程度有很大差异。而各省同中央进行讨价还价的能力也不相同，取决于它们的财力、策略、人际关系、领导人的聪明才智和抱负"。

中国财政改革等增强了地方的自主性，但中央在金融领域保持相当程度的控制。首先，政府部门之间（Interagency Relations，也就是政府间关系）存在经常性的谈判、讨价还价和交易。其次，政府部门之间的竞争和对抗是省及省以下官僚机构运作的核心特征。第三，对外开放也影响地方政府的行为。"中央控制省的手段有：决定省领导人的政治生涯，直接控制某些机动性的军事力量，控制着宣传机器，控制着关键的经济资源。各省离开这些资源便不能达到产出目标。但是，各省也有一定的自主性：大量的人事安排都是由省及其以下政府做出的，土地管理是地方的事物，地方政府拥有很强的财政自主性"。在国家官僚机构中，省政府占据中间地位。中央必须通过省才能到达地方。"各省的这些事例不能确保它们的独立和自主地位。中央和省都掌握着对方所需要的资源"，他们认为，"我们所描绘的中央与省的关系，既不是中央集中控制的，也不是省独立自主的，确切地说，两者的关系是相互依赖性的。当然，这种平衡常常有利于中央。而各省与中央的平衡关系，以及造成这种关系的原因也是不一样的。中央与省的关系大体上是讨价还价的关系。两方的领导人都用他们所控制的东西与对方交换资源或者其他有价值的东西"。

从学术进展看，碎片化权威理论超越极权主义的研究范式和多元主义的研究范式。其理论价值在于，它破除了中国政治如铁板一块的认识。不仅从人的因素，而且从权力结构和政策过程解释了中国政治的复杂。

5.4.3 事实联邦主义理论

事实联邦主义理论的倡导者主要是国立新加坡大学的郑永年。郑永年和吴国光在《中央——地方关系：中国制度转型中的一个轴心问题》一书中的提法是"行为性联邦"，后来改成

"事实联邦主义",两者区别不大。

郑永年和吴国光观察改革开放以后的中央与地方互动特征,认为,"中央和地方之间的权力互动出现了相对的平衡和制约:中央不能压倒地方,地方也没有办法脱离中央"。因此,"中央与地方的这种权力关系,已经具备'联邦制'的实质内容"。就这个意义而言,"可以说,在中国已经出现了事实上的'半联邦制'或'准联邦制'。不过,这种'联邦制'的特点是非制度化的……并不是用宪法规定下来的,并不是直接表现在国家的规范政治结构中的,而是在实际的权力运作中形成的,是通过中央与地方之间在多种多样的相互谈判的行为中表现出来的。所以,我们不妨称之为'行为性联邦'"。

后来提出的"事实联邦主义"补充和发展了"行为性联邦"的概念。郑永年提出,"所有这些争论并不能阻止研究者在具体的情境中界定联邦主义。在这里,我认为,联邦主义可被视作通过各种措施如利益代表(Interest Representation)和分权(Decentralization)解决各级政府间冲突的一种工具"。"事实上,联邦主义被广泛地认为是解决碎片化社会中冲突和减轻中央政府负担的一种方式"。"循着行为主义传统,我把中国的中央与地方关系界定为事实联邦主义或行为联邦制"。

黄相怀在《当代中国中央与地方关系模式述评》文章中认为,联邦主义的核心是联邦政府与次国家政府乃至各级地方政府之间存在的宪法、法律层面的分权。仅仅根据中央与地方的谈判行为就戳上联邦主义的印章是不恰当的。近距离考察当代中国的中央与地方关系,并存着集权与分权两种趋势。既有分权化加强地方力量的一面,也有集权化强化中央权威的一面。而把中央与各省的"讨价还价"视为行为联邦主义,对于了解中国政治的人都明白,这不过是政治的策略和手段,并不涉及制度的核心与特质。

5.4.4 委托—代理模式

传统的代理结构模式把地方政府看作是中央政府的从属。在执行中央决策的时候,地方政府基本上没有或者完全没有自有处理权。在整个政府体系内部,中央与地方关系的基本特点是指挥与服从、控制与被控制。就权力来源而言,地方政府的各项权力均来自中央的分配,中央政府支配地方各级政府的权力大小和权力有无。换言之,地方政府只是以中央政府代理机构的身份行使其执掌的各项权力,最终仍然归中央政府所有。地方政府处理各项事务,不过是奉中央政府之命行事。就权力制衡而言,中央政府严格控制和监督地方各级政府,地方政府没有与中央"讨价还价"的制度余地。

在中央与地方关系的研究中,委托—代理理论克服纵向理解政府间关系的缺点,足够重视地方政府的自主性与能动性。委托—代理理论试图模型化这类问题:一个参与人(称为"委托人")想使另一个参与人(称为"代理人"),按照前者的利益选择行动。但是,委托人不能直接观测到代理人选择了什么行动,只能观测到一些变量。这些变量由代理人的行动和其他外生的随机因素共同决定,因而充其量只是代理人行动的不完全信息。委托人的问题是,如何根据这些观测到的信息来奖惩代理人,以激励代理人选择最有利于委托人的行动。

在中央与地方关系的研究中,委托—代理理论得到广泛应用。杨瑞龙探讨地方政府怎样扮演中间扩散型制度变迁方式中的"第一行动集权",后来又同他人建立"阶梯式的渐进制度变迁模型",运用博弈论的思想和方法探讨中央政府、地方政府的官员与微观主体之间的三元博弈过程及其经济后果。孙宁华分析中央政府与地方政府在经济转型时期的经济博弈,认为在信息不对称的情况下,地方政府同中央政府的博弈会产生严重的逆向选择和道德风险。江孝感和王伟分析中央政府与地方政府事权关系的委托—代理模型,认为两者都应该降低参与经济活动的努力成本系数,并且提出信息决策模型。庞明川分析中央政府与地方政府博弈的形成机理及其演进,认为改革开放以后中国财政体制的每次分权化改革,在调动和激发地方积极性的同时,都在诱发和强化地方势力的崛起,以至于每个时期都能够同中央政府讨价还价,进行利益博弈。

与传统的国家结构理论相比,委托—代理理论判断中央与地方的行为关系更为真实,具有非常强的解释力和说服力。但是,它毕竟脱胎于经济学理论,要完全应用到属于政治学领域的中央与地方关系,还必须做出进一步的学术努力。比如,委托—代理理论从地方利益的角度定位地方政府的角色及其行动倾向。它所理解的中央与地方的博弈,主要是经济博弈。但是,利益维度只能是中央与地方的众多关系维度中的一个,同样离不开权力的维度。因此,很难说委托—代理理论能够成为分析中央与地方关系的得力工具。

总结当代中国的中央与地方关系的上述模式,黄相怀在《当代中国中央与地方关系模式述评》文章中提出两点结论:

第一,中央与地方关系的复杂性,造成学术界很难在短期内提出普遍认可的概括模式。在中国这样的"超大型"社会,特别是在中国的政治制度中,"中央"和"地方"所指称的对象是非常复杂的。"中央"可以指称"党中央",也可以指称"党中央"与"中央政府"(国务院),还可以指称其他主体,如"全国人大""中央军委"等。从政策过程的角度看,中央的含义更为广泛。一些部、委、局等国家机构能够以自身名义向全国的对口领域和对口单位发布规范性文件。所以,"中央"的概念不是专指某一个主体或者某几个主体,而是指国家层面的诸种权力机构、错综复杂的结合所形成的权力系统。"地方"的概念同样存在这种情况。它也是一个混合体,即地方各级党委、政府、人大乃至职能部门,甚至包括垂直管理系统在地方的部门,都可以被称为"地方"。并且,"地方"的概念还有政区和文化的内涵。"中央""地方"的词汇含义如此复杂,包含"中央""地方"的词组的含义就更加复杂,如"中央利益""地方利益"等。单一制诸模式的优点,便于把握中央与地方的关系结构;碎片化权威理论和事实联邦主义理论的优点,便于勾绘中央与地方的关系过程。

第二,中央与地方关系的发展变化。研究当代中国的中央与地方的关系,现有的概括模式不能满足理论需要和实践指导,亟须更科学、更准确的模式做出实际描述和理论阐释。比如,民主集中单一制与复合单一制拘泥于规范制度,失衡论与"事实联邦主义"又过于强调经验现实。

5.5　中国地方官员的晋升锦标赛模式

周黎安等(2005)对中国地方官员治理的研究试图提供一种关于中国经济增长的政治经济学的解释,即所谓的增长的政治经济学,强调中国解决政府官员激励问题的独特方式。改革开放 40 多年间,中国地方政府在地区的经济增长中扮演了一个非常重要的角色,他们那种寻求一切可能的来源进行投资、推动地方经济的发展的热情在世界范围内也是罕见的。从 20 世纪 80 年代开始的地方官员之间围绕 GDP 增长而进行的"晋升锦标赛"模式是理解政府激励与增长的关键线索之一。晋升锦标赛是由上级政府直至中央政府推行和实施,行政和人事方面的集权是其实施的基本前提之一,而晋升锦标赛本身可以将关心仕途的地方政府官员置于强力的激励之下,因此晋升锦标赛是将行政权力集中与强激励兼容在一起的一种治理政府官员的模式,它的运行不依赖于政治体制的巨大变化。但另一方面,晋升锦标赛作为一种强力激励,也产生了一系列的扭曲性后果,导致中国政府职能的转型和经济增长方式的转型变得困难重重。在相当程度上,由于晋升锦标赛自身的一些缺陷,尤其是其激励官员的目标与政府职能的合理设计之间存在严重冲突,中国目前的这种地方官员的治理模式又是当前经济面临的各种重大问题的主要根源。

晋升锦标赛作为一种行政治理的模式,是指上级政府对多个下级政府部门的行政长官设计的一种晋升竞赛,竞赛优胜者将获得晋升,而竞赛标准由上级政府决定,它可以是 GDP 增长率,也可以是其他可度量的指标。这里涉及的地方官员主要是各级地方政府的行政首长。晋升锦标赛作为一种激励和治理手段绝非改革开放以来的发明,在改革前的毛泽东时代就常被使用,如大跃进时期各省市竞相就粮食产量大放"卫星",也可以看作是一种晋升锦标赛的现象。改革开放以来晋升锦标赛的最实质性的变化是考核标准的变化,地方首长在任期内的经济绩效取代了过去一味强调的政治挂帅。这种转变的契机是党中央在十一届三中全会以来拨乱反正和全党工作重心从阶级斗争转向经济建设。经济改革和发展成为各级党委和政府的头等大事,经济绩效也就成了干部晋升的主要指标之一。在 20 世纪 80 年代初邓小平提出了改革党和国家领导制度的重要思想,包括强调干部队伍的年轻化、知识化和专业化,鼓励老干部的离休退休,引入任期制和年龄限制。1984 年中央决定适当下放干部管理权限,确定了下管一级的干部管理体制,使得省级政府可以通过任命权对下级政府发动经济竞赛。这一系列举措均为改革开放以来新型的晋升锦标赛奠定了制度基础。

有一系列现象的存在可以说明地方官员之间在晋升锦标赛下的激烈竞争行为。地方政府官员非常热衷于 GDP 和相关经济指标的排名。与此相联系的,当上级政府提出某个经济发展指标(如 GDP 增长率),下级政府就会竞相提出更高的发展指标,出现层层分解、层层加码现象。

晋升锦标赛发挥效力的前提有以下几方面。一是上级政府的人事权力必须是集中的,它可以决定一定的晋升和提拔的标准,并根据下级政府官员的绩效决定升迁。二是存在一种从委托人和代理人的角度看都可衡量的、客观的竞赛指标,如 GDP 增长率、财政收入、出口创汇量。中国是中央集权的国家,中央或上级政府有权力决定下级政府官员的任命,即具有集中的人事权。第三,无论是省与省之间,还是在市、地区、县、乡之间都有非常相似的地方。这些地方政府所做的事情很相似,所以他们的绩效比较容易进行相互的比较。在中国目前的行政体制下,地方官员对地方经济发展具有巨大的影响力和控制力,一些最重要的资源,如行政审批、土地征用、贷款担保、各项政策优惠等均掌握在地方政府的手中,因而满足第四个条件。最后,跨地区的地方政府官员之间的合谋在中国目前的晋升体制下不是一个现实的威胁,地方官员之间的高度竞争才是常态。原因在于,晋升与不晋升存在巨大的利益差异,这不仅表现为行政权力和地位的巨大差异,而且在政治前景上也不可同日而语:不晋升可能意味着永远没有机会或出局,而晋升意味着未来进一步的晋升机会。晋升锦标赛在中国实施还有其他一些特殊的便利。首先,锦标赛的激励效果是逐层放大的。中国行政体制由中央、省、市(地区)、县和乡镇五级政府构成,晋升锦标赛可以发生在中央以下的任何一级地方政府之间,而中国"块块"行政管理体制在不同层次上的同构性使得晋升锦标赛得以普遍推行。比如说,在省一级干部之间采取以 GDP 为基础的锦标赛竞争的话,那么省级官员就必须提供较高的 GDP 增长水平。为此,他们可能会在辖区内的市一级推行 GDP 锦标赛竞争,而市又会在县一级推行锦标赛竞争,如此一层一层地往下推进。这种逐层推行的晋升锦标赛也同时说明,从职务晋升路径来说,地方官员从最低的行政职位一步一步提拔,进入一个典型的逐级淘汰的锦标赛结构。另一方面,给定晋升职位是固定的,参与竞争的人数越多,晋升的概率越小,参加锦标赛的期望收入越低,为了保证参与人有适当的激励水平,同一组内的竞争者人数不能太多。因此,在晋升锦标赛作为主要的激励模式下,一级政府所辖的下级政府的数目必须存在一个合理的规模,过大和过小均不利于调动参与人的积极性。也就是说,晋升锦标赛的优化设计必然内生地产生一个政府组织的层级结构,如一个省所辖的市(地区)的数目,一个市(地区)所辖的县的数目等等。

晋升锦标赛必须与一些其他改革措施相配套才能发挥作用。在一种严格的中央计划体制下不可能出现真正意义上围绕经济增长的政治竞争。地方官员必须拥有一定的经济决策权力,能够支配一定的经济资源,即拥有较大的行动空间,才能真正对地方经济发展负有行政责任。此时,激励地方官员推动经济增长与发展才有意义。但另一方面,对于地方官员来说,保住行政职位也是财政和行政激励发挥作用的前提。如果地方官员预期自己很快就要退休了,那么行政和财政分权的利益与个人的联系将减弱不少,影响后者的激励效果。因此,两者存在明显的互补关系。

虽然两者是互补的关系,但是晋升锦标赛下政府官员的晋升激励比财政和行政分权所带来的激励更为持久和基本。政府官员作为政治参与人,最关心的是行政晋升和仕途,而非地区的财政收入。只有从晋升激励出发,我们才可以很好地解释为什么从 20 世纪 80 年代以来财政体制在中央和地方的行政分权一直在变化之中,而地方官员推动区域经济增长的激励没有改变,因为晋升锦标赛的基本模式一直没有改变。给定晋升主要取决于经济增长,财政体制由财政包干制变成对中央政府有利的分税制,对地方官员来说并不是不能接受,而在财政包干期间中央一再改变某些省份的分成比例也不可能影响地方官员追求更高经济增长的动力。

1998年中央提出财政体制从传统的"建设性"财政向"公共财政"转型,强调政府公共支出的重点由过去的经济建设支出(如基建投资)逐步过渡到以教育、医疗卫生与福利等公共产品的支出。然而,这一转型显得非常艰难而缓慢。据统计,从1998年到2005年,全国在教育、科学、医疗卫生等领域的财政支出比例不但没有上升反而下降。由于公共财政的执行在很大程度上依赖于地方政府的参与,导致这一转型困难的根源在于地方政府目前的激励性质和结构与这个巨大转型之间存在基本的冲突。晋升锦标赛把考核的焦点放在一个地区的经济发展上,地方官员更关心的是任期内的经济指标的高低,而教育、科技和医疗卫生这些投入均是在长期内发生影响的,短期内无法"兑现"为经济增长。虽然公众对于教育、医疗和住房问题的关心超过任何其他方面,但他们无法直接决定地方官员的任免,所以这些议题很难像经济增长那样被地方官员所关注。

中国在过去40多年间取得了举世瞩目的经济成就,经济总量已经挤入世界前列,被誉为"世界工厂",外汇储备逾3万亿美元。然而,在这一系列的光环之下,中国传统的增长方式与日益高昂的成本引起人们的批评和质疑。中国企业普遍缺乏世界知名品牌,也没有掌握什么重要的核心技术,与此相联系,绝大多数企业的科研投入非常低,主要优势体现在加工的成本优势,制造大国更多表现为"加工大国"。

更为严重的是,经济高速增长不仅直接带来了严重的环境污染和能源消耗,而且构成中国企业主要竞争优势——加工的成本优势也在相当程度上建立在长期人为扭曲的要素价格上。比如在地方政府招商竞争中,土地价格被人为压低,经常出现"零地价";资金成本因利率过低或政策贷款或担保也被人为压低,与此同时,劳动力成本因劳动保障和社会福利不健全被压低,企业生产的环境成本也因为地方政府的纵容而人为地被压低。人民币被低估加上出口退税推动中国出口急速增长。可以看出,所有这些要素价格的扭曲均与地方官员在晋升激励下的增长冲动紧密联系在一起,甚至主要由后者所造成。由于晋升职位总是有限的,晋升锦标赛具有一种"赢家通吃"和"零和博弈"的特征,一人提升势必降低别的竞争者的晋升机会,所以,这种激烈的政治竞争就会转化为了政治收益不计经济成本和效益的恶性经济竞争,所有这些人为的要素扭曲正是这种由晋升激励主导的恶性经济竞争的结果。在这个意义上说,晋升锦标赛是中国粗放和扭曲型经济增长的制度根源之一。

6 城市决策的方法、工具与应用

6.1 新中国成立初期我国的决策方式

6.1.1 决策方法以经验决策为主,决策科学化程度不高

新中国成立初期中央的决策者都是从战争年代走过来的,经历了严酷的战争锤炼和考验,特别是在长期战争中积累的丰富经验和养成的当机立断做出决策的能力,使他们善于凭借经验和解决问题的惯性思维方式来进行决策,而不习惯于遵照科学的方法做决策。在战争年代成功的决策方法,到了和平建设时期,特别是大规模经济建设时期就显得不合时宜了。虽然经验决策具有简便、决策成本低和灵活迅速、反应及时的特点,但经验决策的最主要缺陷表现在3个方面:一是容易不顾实际条件的约束,出现主观主义的错误;二是个人的经验和知识总是有限的,决策是关于未来的选择,根据过去的经验来决定已经变化了的现实容易造成误判;三是经验决策属于定性决策,面对解决涉及范围广、内容复杂的问题,特别是对那些属于前瞻性、基础性、战略性重大事项的决策,要求决策准确性高、精密度强的时候,经验决策无法在量化上达到决策本身的要求。

6.1.2 决策方式过于封闭,开放程度不高

形成这种现象的原因有3个方面:一是战争时代形成的保密习惯;二是对决策内容缺少科学分类,没有分清哪些属于涉及国家安全和军事安全的决策需要保密,哪些属于公共政策,特别是涉及公众切身利益的公共政策需要开放;三是决策高度意识形态化,把决策过程与阶级斗争和政治斗争相联系,把决策过程中的意见分歧往往与立场、路线联系在一起,为

了防止把党内政策的意见分歧公开化,给社会上形成党内分裂的看法,所以不愿意将决策公开,把决策过程变成了党内高层形成统一意志的过程。

6.2 决策方式改革

改革开放以来,随着决策民主化与科学化的改革进程的深入,决策方式也发生了深刻的变革。

6.2.1 从经验决策为主转向经验决策与科学决策相结合的科学决策

由于现代社会是一个流动性很强、信息的流通量不断增大、各种因素紧密关联、高度复杂的风险社会,使得过去那种凭借领导者个人的经验和智慧进行直接决策的方法已经难以达到正确决策的目的。例如过去由于技术的缺失和认识方法的简单,国民经济核算体系只偏重于经济产值及其增长速度的核算,而忽视国民经济赖以发展的生态资源基础和环境条件的约束核算,一些决策导致了生态环境受到破坏,造成的损失和长期负面影响难以计量。所以,改革开放以来,中国共产党不断强化决策科学化的改革力度,把现代科学技术手段和工具、科学的分析方法及科学的运作程序引入决策的过程,为正确决策提供技术支撑。

6.2.2 建立民主、科学的决策论证制度

凡是国家重大发展战略、规划的制定、重大工程建设、涉及民生的公共政策的制定都要经过民主的论证程序,需要通过专家的科学论证,形成论证报告后才能提交决策机构讨论决定。

6.2.3 在决策过程中采用科学的决策方法

如针对国家与社会发展全局和长期目标的决策,通常采用总体目标法、系统分析法、综合平衡法和战略规划法等;如针对某一方面重大问题的决策通常采用经验总结法、逻辑推理法和典型调查法等。

6.2.4　运用科学技术手段和工具参与决策过程,提高决策的精确度

当针对一些相当复杂的问题,又需要得出相对精确分析的结论时,一般决策方法就不能满足这样的要求,如对经济发展趋势的预测等。因此,要运用一些现代决策技术方法和工具来辅助解决。主要决策技术手段和工具有:

一是采用数学分析工具,将决策对象所包含的相关变量全部进行量化,建立相应的数学模型,根据数学模型进行运算和推导,获得精确的计算结果,然后做出符合实际的决策;

二是借助计算机,针对要解决的问题,在掌握较翔实数据的基础上,建立几种解决问题的模拟模型,经实验认为符合实际要求后,根据模拟模型做出正式决策。当然强调决策的科学化,并不是否定人类的经验,更不是否定经验在决策中的特定作用。

6.3　案例分析:城市规划决策模式

6.3.1　城市规划决策定义、本质与特点

城市规划决策是由规划方案转变为建设依据的过程,它的合理性直接影响着城市规划成果的科学性。城市规划通过预测和指导城市的发展并管理各项资源,以使城市的发展进入可持续发展的轨道,其前提是城市规划决策的科学合理性。

1) 定义

城市规划决策是决策主体针对城市规划过程中已经发生、正在发生和将要发生的问题,收集信息、判断性质、选择方案、制定并实施政策的活动过程。同时由于城市规划还是一种政府行为,规划决策的决定权主要掌握在政府手中,也可以说城市规划决策是政府在城市建设领域的公共行政行为,是对城市建设的领导、干预和管理。科学的城市规划决策是合理、有效地运用城市资源的重要保障。

2) 本质特征

首先,城市规划决策与其他类型决策在本质特征上的共同之处,在于它们都是人们的创造性思维活动,是人们在认识客观世界的前提下,为实现一定的目的而进行的抉择思维。所以,我们可以说,没有城市规划决策就没有国家(政府)在城市建设中的公共行政行为,也就

不可能实现国家(政府)对城市建设的领导、干预和管理。

其次,城市规划决策具有公共选择的特性,它主要是一种行政决策。城市规划决策,是指城市规划行政主体在城市规划、建设和管理领域,针对城市发展过程中所面临或即将产生的问题,制定与选择城市建设与发展战略的活动。不同于其他企事业单位的管理决策,它带有鲜明的政治性和公共性,具体表现为:

——城市规划直接决策者是负责城市规划工作的城市政府及其职能部门。《中华人民共和国城乡规划法》(以下简称《城乡规划法》)第十一条明确规定:"国务院城乡规划行政主管部门主管全国的城乡规划管理工作。县级以上地方政府城乡规划行政主管部门主管本行政区域内的城乡规划管理工作",并赋予城乡规划行政主管部门以城市规划编制权、用地规划调整权、监督检查权、行政处罚权、复议裁决权等十项权限。主体的义务主要有履行职务,不失职;遵守权限,不越权;符合法定的,不滥用职权;遵循程序,避免瑕疵;行政合理,避免失当;行为义务的核心是"依法行政"。

——城市规划决策的对象是整个城市的公共建设事务。尽管"城市规划的对象主要是城市的空间系统,即在城市土地使用基础上的各类城市组成要素的相互组合关系",但空间系统的处理本身属于公共建设事务,空间系统的处理涉及公共利益。城市规划应该代表城市政府和市民的意志与利益,处理城市发展过程中的整体与局部、长远与近期、集体与个人的关系,站在城市公共利益的高度协调经济、社会、环境、效益的关系,并使它们达到统一。

——城市规划决策的结果属于公共政策的范畴。一般说来,公共政策是由政府机构和行政主管部门制定的,表达了他们的行为目的,反映了他们的行为过程和效果。城市规划决策结果同样如此:一方面,城市规划决策应该反映城市决策主体在城市发展过程中的政策取向,这必然反映决策者的价值偏好;另一方面,城市各个方面的未来发展都应处于城市规划决策所确立的基本框架之内。

——城市规划决策过程是一个政治过程。城市规划的作用之一在于分配利益和配置城市资源,而此项任务的完成必须依赖于权威。事实上,城市规划的许多决策是在政治舞台工作中做出的。无论是中国古代的城市、中世纪欧洲的殖民城市,还是古罗马的军事城镇、文艺复兴时的"理想城市",以及美国的新兴城市,无不受到政治形态的制约和影响,无不反映了统治者的意志。如中国古代大多数都、州、府城的建设首先要满足"辨方正位、体国经野"的政治要求,使城市结构形态严格遵循由上到下、由大到小的社会礼制秩序,能够体现统治者至高无上的地位。正如英国学者莫里斯在其名著《城市形态史》中指出的那样:"所谓规划的政治对城镇形态曾有过决定性的影响。"

——城市规划决策以国家权力为后盾,通过行政方式作用于社会,具有强制力,决策者也要承担相应的政治责任和法律责任。城市规划本身就是一项政府行为,是政府在当时城市发展背景(如政治和经济环境)下提出的,城市规划带有时代特征。城市规划决策是政府意志的体现,有很强的政策性。

城市规划决策除了一般决策的共性外,还有自身的一些特点。

3)特点及价值取向

(1)关联性

城市规划问题可以说包罗万象,大致可分为:政治问题、经济问题(如利益分配、重复建设、土地闲置)、社会问题(如就业问题、老人问题、民族问题)、文化问题(如文化传承、文化保护、多文化融合等问题)、法治问题、环境问题、资源问题、城市交通问题、居住问题、城市形态问题、城市风格问题、城市管理问题、城镇化问题、城市防灾问题等。城市规划决策所涉及的问题,通常表现为复杂的问题系统,而少有单一问题。这意味着问题与问题之间相互关联、相互依存。所谓相互关联,问题本身是一个复杂的整体性系统,难以分解为相互独立的问题元素。例如,战后美国的高速公路发展很快,极大地影响了城市发展。从表象上看,修建高速公路的选线似乎只是个交通规划问题,可是从地方政府的角度出发,修建高速公路不但可解决市中心交通拥塞的问题,还可以借中央补贴来达到改建旧区的目的。其中隐藏的动机:战后大批黑人士兵复员入城,他们多数在市区定居。凡有黑人迁入的街区,白人纷纷迁离。为了阻挡黑人蚕食市区街坊,代表白人利益的市政府企图以高速公路来充当黑白居住区之间的界线,高速公路成了保护白人街区的屏障。所以表面上看来是纯技术问题的高速公路建设,包含着深层的政策意图,反映了决策者的政治动机。由此可以看出,规划所涉及的技术问题、经济问题和政治问题常常会纠缠在一起,表现出极大的关联性和相互依存性,需要系统和整体地思考才能有效处理。所以,规划决策的结果最终将取决于城市所产生的核心问题,而不仅仅是技术。

(2)多目标性

多目标决策是相对于单目标决策而言的,当对单个目标进行决策时,称之为单目标决策;而综合考虑决策系统所能达到的多个目标时,就构成了多目标决策。

城市规划不仅要满足城市经济功能的需要,而且要创造和谐统一的城市景观和优美的城市环境。城市规划决策的多目标性与城市本身的多功能性相一致,又与城市规划决策者思维的多维性互为因果。主要表现为以下几点:

一是思维指向的多样性。从城市规划的发展过程可以看出,城市规划发展变化的一个主要模式就是由过去单一的以建筑为主体的建筑规划发展到现在的包括社会规划、经济规划、物质规划等诸多内容的综合规划。城市是一个复杂的多系统构成的社会有机体,现代城市规划应是以研究和解决实际存在的多种城市问题为前提的社会规划、经济规划和物质规划相结合的综合规划。这就要求城市规划决策者不仅要考虑城市的空间布局,解决人们的居住、工作、游憩、交通问题,同时还要谋求经济、政治、文化教育以及科学技术的共同发展,协调和解决好各种社会矛盾。

二是多思维过程。城市规划的综合性决定了城市规划不单单是规划师的事情,而且还需要经济师、建筑师、社会学家等各领域的专家共同参与。城市规划决策是群体决策。城市规划决策主体不同的知识背景、经验和认识,决定了城市规划决策思维是在多起点、多角度、多原则的背景下进行的,从而产生了不同的思维认知结果和实现目标的多种途径。多目标性是现代城市规划决策的主要特征。

(3)动态性

世界上的一切事物都是运动的,城市更是如此,它每时每刻都处于动态发展的过程中。城市就是一个不断发展变化的动态系统。从霍华德的"田园理论"到盖迪思的"调查—分析—规划方案"的规划模式,尽管城市规划产生了巨大的飞跃,但仍满足不了城市发展的需求。其中一个重要的原因就是忽略了这样一个事实:城市规划不仅仅是对城市未来的预测,为城市设计一个可接受的未来,更重要的是应指出城市现在到未来变化的轨迹。早期城市规划曾是改良主义者改造社会的一种"梦想",而现在的城市规划已成为管理、控制城市的一种手段。城市在快速的发展,城市规划以城市土地和空间为研究对象,也必须用变化和发展的观点去认识、研究和规划城市,并解决发展中出现的一系列问题,整个规划过程就是不断进行决策和实施决策的无限循环往复的动态过程。规划决策的动态性不仅表现为决策过程的动态性,还表现为决策速度的加快。现代科学技术日新月异,信息技术、能源技术、交通技术使城市的功能形态变化更新的周期越来越短,而且不断给城市居民以新的生活方式和价值观念。这就使得规划决策的问题不断变化,不确定因素越来越多,决策者不得不频繁地在各种可能性中迅速做出选择,决策节奏加快。这同时给规划决策者带来诸如决策落后需求、决策缺乏可操作性等问题。

（4）复杂性

现代城市是以人为本的多要素、多因子、多层次、多变量的复杂而庞大的系统,包括社会、经济、生态等多个子系统。这些子系统相互独立又相互制约和影响,具有高度的复杂性。随着城市现代化的发展,城市的开放性越来越明显,城市与周边环境的作用和影响也越来越大,内容也越来越复杂。因此城市的发展具有高度的复杂性,其发展道路不是线性的,而是一个不确定的过程。这种不确定性导致了城市未来的不确定性,随着未知因素的增多,人们对未来也越来越难以预测。由于人力、物力的限制,城市决策者不可能占有规划所需要的全部信息量和知识量,也不可能穷尽一切备选方案及每种方案的可能后果,再加上决策者本身的主观任意性,决策主体的多样性,决策目标的动态性和城市系统的模糊性,都使城市规划难以准确地决策城市未来的发展问题,城市规划决策的科学合理性是有限的。因此现代城市规划决策更倾向于战略性、关键性问题的决策,使我们在规划中更多地注意到原则性问题,而不是细枝末节;更注重描述城市从现状走向未来的轨迹,而不是描绘一幅详尽的未来的理想构图。

（5）综合性

现代系统从总体出发,认为系统是相互联系、相互制约的若干部分组合在一起的并具有特定功能的有机体,而各个要素孤立的特征和功能的综合不能反映整体的特征和功能,它更注重整体的效果,追求整体最优而非局部最优。城市这个庞大的复杂系统更是各个要素相互依赖、相互制约、共同作用的结果,一旦某个因素或某个环节出问题就会影响整个城市社会的正常运转。城市规划决策的综合性从本质上说是系统观在城市规划中的运用,主要体现在以下几点:

一是城市功能的结合。规划必须将经济、社会、物质规划看作一个整体,在城市自然生态环境容量的基础上协调人与自然的关系,使城市发展走一条人口、经济、社会、环境和资源相互协调的可持续发展道路。

二是区域发展的观念。不能就城市论城市,把城市放在区域的大背景下分析,指出城市发展的潜力。

三是地域、时间和功能的结合。决策者应将城市功能的变化、空间的需求在时间轴上表现出来,使空间布局、功能和时间序列相协调。

四是以公众利益为根本。控制协调人的行为和观念,权衡不同社会阶层、集团的利益,不同群体的社会心态、价值观念等。

(6) 价值取向

如同许多理论分析的那样,一个决策过程最为核心的内容应该是目标的价值确定及实现,它是决策的前提和准则。城市规划作为一种干预、控制城市建设发展的行为,必然具有一定的理想目标,城市规划行为同时也就是将这种目标物化、实现的过程。城市规划决策从问题认定——决策目标确定——方案的选择——决策的实施——决策评估每一个阶段都是一个价值判断的过程。

随着我国市场经济建设的不断发展,在政府促动下,除了公有制经济之外,个体经济、私营经济等非公有制经济成为国民经济的重要组成部分,以国营企业、民营企业和私营企业等为市场主体的市场机制开始形成。相应地,在城市建设的市场中,投资者和参与者不再只有国家,而是趋向多元化,开发商所代表的集团利益和个人利益逐渐凸现,并开始成为独立的利益主体。同时,城市建设中的社会公共利益日益受到关注。鉴于市场主体都具有首先追逐自身效益的本能,城市建设中政府、开发商和市民就形成了存在冲突的复杂利益结构及多元化的利益结构。开发商是城市建设中最活跃的主体,其集团或个人的利益取向,在没有制约的情况下,势必不断扩张,并存在对其他利益取向潜在的侵蚀;市民的权利意识开始觉醒,但由于处于分散状态的个体,不具备影响资源分配的能力——权和钱,更缺乏将个体利益整合为社会公共利益的制度化途径,以及能代表他们共同利益的社会力量和社会组织,市民个人的权益和公众的共同利益常常得不到维护,甚至受到损害。而政府运用城市规划的决策过程,就是在个人、集团和社会之间进行利益协调和利益平衡,并且这种协调是依靠规划法规来规范和保障的。而从配置资源的意义上讲,城市规划决策过程则是另外一种运用公共资源(不能进行买卖的资源,如空气、阳光、公共绿地等)的方式。人们通过市场机制得到牛奶和面包,通过规划过程得到居住、工作和游憩的空间和环境。诺贝尔经济学奖得主布坎南(James M. Bachanan)认为:在市场里,人们会基于自利而追求自己的福益;就是在推崇民主和公正的政治过程里,这一规律也同样适用,因为谁都不希望垃圾堆放在自己家的后院!因此,市场机制下的规划决策过程,无论是市民、开发商,还是地方政府,多基于自己的或地方的利益,而不是难抓实体的"公共意志"和社会公众利益。因此,在市场条件下的城市规划过程,以公众利益为准则追求社会公正应该是规划决策的价值取向。

但是公众利益是一个内涵非常宽泛的概念,到目前为止,对公众利益还没有一个统一的界定,公众利益本质上反映了社会公共利益的取向。当前法学界普遍认为,社会公共利益是公众对社会文明形态的一种愿望和需要,它包括:① 公众秩序的和平与安全;② 经济秩序的健康安全及效率化;③ 社会资源与机会的合理保存与利用;④ 社会弱者利益(如市场竞争中的消费者利益、劳动者利益等)的保障;⑤ 公共道德的维护;⑥ 人类朝文明方向发展的条件(如公共教育的发展)等方面。

但社会公共利益在不同的社会领域各有侧重,也各有其不同的内涵表现。在城市规划决策过程中,公众利益表现为,相对于城市政府的地方利益、开发商个人或集团的利益和市民的个人利益而言,公众在城市土地和其他资源(如水、空气、绿地等)利用上的价值取向和利益选择——当然,这一利益选择必须代表了社会文明发展的需要和方向。所以,城市规划决策中的公众利益有特定的主体和内容,具有整体性和普遍性两个特征。公众利益和利益主体是指公众整体,而不是部分人;公众利益的内容是公众普遍的利益,而不是特殊的个人利益。城市规划中的公众利益既不是国家所能代替的,也绝不是全体市民个人利益的简单相加,不是边沁所宣称的"社会公共利益只是一种抽象,它不过是个人利益的总和"。因为市民个人也存在价值观念的差异,并且同一个人在同一个问题上可能分属不同的组织和集团(如在一个社区中规划一块公共绿地,作为社区的居民,某成员因环境改善而持赞同的意见,但他同时作为开发公司的经理就可能因降低了开发利润而持反对意见)。因此,公众利益只能是城市建设和发展中公众普遍的价值取向和利益选择。

城市规划决策过程强调公众利益取向,并不意味着否认国家利益的存在,只是在市场经济下国家不再是社会各种利益的唯一代表,国家的职能表现在,从公众利益出发行使权力,既以公众利益为理由,又以公众利益为归宿,从而平衡各种利益矛盾,保障公众利益的实现;同时,城市规划法规重点是公众利益取向,也不意味着对个人权利和个人利益的抛弃,而是在人类面临进一步发展的社会危机和环境危机的时代背景下,将个人利益同社会公共利益及城市发展的长远利益结合起来考虑。因此,城市规划决策的价值取向在于,除了要保障城市公共资源的分配效率外,更应该保持城市规划的公正性,保证公众的权利和利益不受侵害。

6.3.2 城市规划决策失误分析

城市规划不仅是技术行为,也是行政行为,同时还是政治行为、经济行为。规划的技术性部分都是在政策的指引下进行的,都有复杂的经济、政治等非技术因素的背景。因此,规划失误往往不可避免,而且不仅仅是规划本身的失误,而更是规划后面政策及措施的失误。

1) 衡量标准

周农建在《价值逻辑》一书中提出了"正确"的4条标准:合逻辑、合对象、合约定、合需要。反之就是错误或失误。就城市规划决策而言,所谓"合逻辑"就是城市规划决策要符合规律——社会经济发展规划、城市发展规律;所谓"合对象"就是符合城市规划本质、意义、任务;所谓"合约定"就是合法,遵守城市规划这样一个"社会契约";所谓"合需要"就是符合城市规划的目的,达到城市规划的效果。所以,我们可以从城市发展的规律,城市规划本质、意义、任务和城市规划法律法规及其决策效果,来找到衡量城市规划决策失误的标准。

判断城市规划决策是否失误,总的来说必须回答如下两个方面的问题:

城市资源,如土地、空间、水、资金、人才、历史文化遗产的利用是否合理,社会物质财富是否浪费?

城市社会的公众利益是否得到保护,他人合法的利益是否受到侵犯?是否照顾弱势群体和多数人,城市居民是否有选择的权利、参与决策的权利?城市环境、城市资源的分配和享用是否公平?

2) 原因分析

城市规划决策的所有失误的现象原因错综复杂,分析其原因不外乎以下几点:

(1) 法制的不健全

随着市场经济的发展、城镇化的推进,现代城市中各个部分、各个领域的相互依存程度越来越高,城市规划问题与政治、经济、社会、文化等诸多领域的传统界限正在消失,越来越多的问题带有牵一发而动全身的复杂性质,城市规划问题的相关性特征越来越突出。

在这种情况下,各种规章制度的匮乏就显而易见。城市规划决策的法制化也缺乏完善的规范政府决策行为的法律、法规,使依法决策的前提条件滞后;但这并不意味着需要制定一部关于城市规划决策的法律和法规,而是在有关法律、法规中涉及决策行为的,应有明确的法律规定。目前,在城市规划决策领域还普遍存在法规体系不完善,缺少城市规划管理综合法规的现象。因为城市规划的地方性很强,仅仅依靠《城乡规划法》这个母法是不够的,地方法规和规章是城市规划法规体系中具有直接的指导作用、规范作用、强制作用和社会作用的组成部分,面广量大,是一个关键的环节,也是城市当前建设实际中迫切需要的法律武器。

(2) 决策部门中心化现象

城市规划决策中心化现象本质上是权力过分集中问题。邓小平把权力过分集中的现象视为领导制度、干部制度的主要弊端之一。他说:"权力过分集中的现象,就是在加强党的一元化领导的口号下,不适当地、不加分析地把一切权力集中于党委,党委的权力又往往集中于几个书记,特别是集中于第一书记,什么事都要第一书记挂帅、拍板。党的一元化领导,往往因此而变成了个人领导。全国各级都不同程度地存在这个问题。"虽然邓小平是从当时的角度对权力过分集中的现象进行批评,但实际上在行政系统中,包括在城市规划决策领域中,也同样存在此类问题。因此,中心化问题的最终克服,有赖于领导制度、干部制度等制度的不断变革。实际上市长拥有城市规划决策所需要的"全面""最后"的人权、事权和财权。

——人大、政协作用的虚化

如前所述,人大有若干途径参与城市规划决策,但在实际运行中由于信息不对称、参与城市规划决策的内容和程序规定不具体、不明确等,加之一些城市政府不愿意让人大在城市规划决策中发挥实质性作用,有意"隐蔽"信息,使得人大在城市规划决策中的作用受到很大局限。至于政协参与城市规划决策的制度性规定本来就几乎没有,因此,政协就更难以发挥应有的作用。

——专家、咨询作用的弱化

这种弱化作用表现在:参与规划咨询和评审专家的选择受到随意控制,可能发挥不同意见的专家不被邀请;专家的作用只是证明决策者的意图是正确的,对外造成专家支持的印象,或者分担决策失误的责任;规划师职能按照决策者的意图编制规划,在城市规划决策过程中的实际作用降低。尤其是在立项决策时,专家常常没有发言权。

——群体决策的淡化

一般而言,决策团体的规模与决策内容的重要程度、复杂程度和紧迫程度有关。对于重要、复杂而又非紧急的决策,应具有较大规模的决策团体;对于日常事务的决策可采用小规模的决策团体;对于重要而又紧急的决策和简单的决策,决策团体的人数可以更少甚至可以是个人决策。然而,城市规划方面的问题通常不仅重要,而且较为复杂,尤其是那些具有全局和长远影响的问题,更是具有不确定性因素,因而通常不需要"当机立断",更多的是需要集体智慧,需要群体决策,需要"三思而后行"。

在实际决策过程中,既应保证决策班子和分管领导的作用,又要确保行政首长对城市规划决策的统一领导,这是有效决策和正确决策的保障。而中心化恰恰是忽略了前者。此外,公众参与的形式化、城市规划行政部门的被动化、决策监督的表面化也是中心化的表现。

(3) 决策部门的多角色现象

事实上政府是城市规划决策的"裁判"。真正意义上的裁判大多只是规则的执行者,而政府不仅执行规则,而且还是规则的制定者。城市政府制定有关城市规划的法规、规章、政策及其他形式的城市规划的"游戏规则",成为制约整个城市规划行为和城市建设的基本规则体系。同时,城市政府还是自己制定的规则的执行者。这种双重身份使得城市政府具有极大权威。

其次,政府又是城市规划决策活动中的"运动员"。"中心人"政府和政府官员作为"运动员"是一种无所不能的"全能运动员"。如在城市规划决策中既"谋"又"断","谋""断"不分的情况就是一例。政府和政府官员集"谋""断"于一身,既决定干什么、又决定该怎样干,甚至动手干。城市的行政首长不仅参与城市规划的审批决策,而且参与城市规划的具体编制乃至建筑的具体样式甚至色彩、装饰的设计。在这种情况下,规划师等各种专家的作用显然无法得到充分发挥。

另外,"中心人"政府和政府官员作为"裁判员"的同时又是"身份不明"的运动员。他不仅参与竞争,而且又主宰竞争。如在旧城改造中,政府成立专门的公司和指挥部,"一套人马两块牌子"(一是作为"运动员"的公司,二是作为"裁判"的指挥部),自己制定并且享受旧城改造的各项优惠政策,如"以地补房""修路补地"等,这是较为典型的例子。

"中心人"政府的负面作用主要表现在:政策多变,缺乏稳定性。如城市规划所确定的城市发展方向、重点和城市基础设施项目的有关政策需要稳定,经常性的变化将会给城市建设和经济发展带来严重危害。既制定规则又执行规则的体制,难以进行有效监督,容易产生官僚主义现象和腐败问题。

(4) 决策人面临的矛盾分析

造成失误的原因从大的方面分析不外乎以上3点,可是就其真正决策中心人的问题来说,显得较为复杂。中心人主要是指处于城市最高位置的决策者。"决策前拍脑袋,决策中拍胸膛,决策后拍屁股走人"——这是社会上对造成决策失误的领导人的情绪化的形容。其实,城市规划的主要决策者并非都抱着这种不负责任的态度。除了前述环境因素外,作为城市规划最高决策者的城市领导人常常被面临的矛盾所困扰。

——理想目标和现实利益的矛盾

城市规划决策者所面临的目标——利益矛盾体现在两个方面:一是个人利益与社会利益的矛盾,二是不同角色的目标之间的矛盾。

首先,决策者有时要在人民的标准和上级的标准之间做出选择。一方面,城市的最高决策者是由人民代表选举出来的,应该以人民的标准为标准;另一方面,城市最高决策者又是上级任命的,又必须以上级的标准为标准。如果上级的标准和人民的标准一致,则城市规划决策的标准就容易确定。如果不一致,从追求"个人效用最大化"的角度出发,决策者显然会采用对自己有利的标准——以上级的标准为标准。这是因为:第一,从制度上看,层级制决定下级必须服从上级;上级的价值取向某种程度上就决定了下级的价值取向,而下级官员为了取悦上级,总要制造出一些所谓的政绩;第二,上级是下级任免的实际决定者,而人民在决定官员的仕途时难以产生实际的影响。正因为如此,决策者在人民的要求和上级的标准的矛盾面前常常显得犹豫不决,这就是人们所说的"做事与做官的矛盾"。

——所处职业和所学专业的矛盾

城市规划的决策者,尤其是市长,不可能是通晓各个专业的通才,他们绝大多数并不具有城市规划的专业背景。但无疑,专业背景对于决策者的影响是潜移默化和深层次的。例如,学哲学的注重思想和工作方法,学工程的推崇严密和精确,学法律的讲求法律规定,学经济的看重投入产出,学城市规划的注意城市的空间结构和形象。应该说,各种专业知识、技能和方法对于城市规划决策者来说都是有用的。但是,不同的专业背景也使得决策者因看待问题的角度不同而产生矛盾。以旧城改造为例,具有经济专业背景的决策者更容易为了发展经济而主张"大拆大建",具有文化专业背景的决策者更容易为保护历史舍不得"坛坛罐罐",具有法律专业背景的决策者更注意拆迁操作的合法性,具有建筑学专业背景的决策者将考虑城市形态的变化。这些不同的专业背景形成的不同价值观在决策团体中必然引起成员之间的争论,在决策机制完善的情况下,这种争论当然是好事——充分的争论会使决策失误的风险大大减少。但是,在中心化的情况下,决策者个体的专业背景将会因其行政领导的角色而强化,而其他人的专业背景则被弱化,不同的意见无法平等展开争论,从而造成决策的困难和风险的增加。例如有些城市的领导者提出城市"每一栋建筑都是标志性建筑"的要求，这种要求对城市形态和风格的负面影响远大于正面效果，因为这种要求本身缺乏科学性、可操作性和必要性。

——心理素质和个性特征的矛盾

在现实生活中，人们可以因不同的动力机制而参与到决策过程中去，如有人参与决策是因为具有较高的政治觉悟和道德水平，有人参与决策是为了推动政府做出有利于自己的决策，有人参与决策则是因为别人让他这样做，等等。由此可见，决策者参与决策的动机是复杂多样的。

按照美国心理学家马斯洛（Abraham H. Maslow）提出的著名的动机理论——需要层次理论（Hierarchy of Needs），人的动机可划分为5个层次：

生理需求——包括食物、水、掩蔽所等生理需要。

安全需要——保障身心免受伤害；

爱的需要——包括感情、归属、被接纳、友谊等需要；

尊严需要——包括内在的尊重（如自尊心、自主权、成就感等）需要与外在的尊重（如地位、认同、受重视等）需要。

自我实现（Self-actualized）需要——包括个人成长、发挥个人潜能、实现个人理想的需要。当下一级需要在相当程度上得到满足时，上一级需要便成为人追求的目标。这5种层次的需要还可大致分为两大类：前3个层次为基本需要，后两个层次为高级需要，因为前三者的满足主要靠外部条件或因素，而后两者的满足主要靠内在因素。参照马斯洛的需要层次理论，可以把城市规划决策的驱动类型分为：

——强制驱动

所谓强制驱动是指决策者进行决策的动力是某种强制力，即受到使其"不得已而为之"力量的压力。强制力之所以能成为决策的一种动力，是由于决策者存在某种恐惧心理，即如果不如此决策就会对来之不易的名誉、地位和权力造成损害。我国城市规划行政部门，强制性驱动的情况较为普遍。有些需要决策的城市规划问题涉及的矛盾冲突较为激烈，决策后果不仅对行政相对方来说利益攸关，同时对决策者来说也面临很大的压力。例如，是否拆除某个违法建筑可能涉及实权部门和权势人物的利益（经济的、政治的利益等等），而这些实权部门和权势人物对规划局或规划局局长的工作环境影响极大甚至具有决定影响，当要求拆除违法建筑的力量不足以抵消这种影响时,拆除违法建筑的决策就难以做出,即使已经做出也有可能放弃。

——情感驱动

在决策系统内的各种相互作用关系中,包含着根据权利线形成的上下级之间的部属关系——通常称之为正式关系即组织关系,也存在着正式关系以外的非正式组织和行政人员个人之间的人际关系,即非正式关系。非正式关系通常以组织或非正式组织成员之间的感情关系或私人关系为基础。决策组织中的团队精神等积极方面和小团体主义、宗派主义、本位主义等消极现象与非正式关系有着密切的关系。除去利益的因素,感情因素("面子""义气""交情")也会导致决策者做出各种不同效果的决策。

——利益驱动

假定城市规划决策者必然会追求社会利益并为此做出无私奉献是不现实的。城市规划决策者无私奉献的假定与经济学中的"经济理性人"的假定是对立的。例如,作为城市规划决策参与者的规划师有两个重要目标,一是个人收入的增加,二是专业地位的提高(这既意味着名誉的提高,也意味着收入的增加);作为政府行政官员的城市规划决策者也有两个重要目标,一是个人职位的稳固与升迁,二是所管辖的机构的扩张(因为行政机构负责人的声望、权力以及个人收入与机构规模成正比)。这些利益因素决定了决策者的行为很大程度上是受到利益驱动的。

——所扮角色和所处位置的矛盾

在决策实践中,常常发生角色错位的情况。角色错位分为横向错位——角色混淆和纵向错位——"角色负担过轻"或"角色负担过重"。所谓角色混淆是指担负角色的个体的职责与权力、权利与义务不明确;所谓角色负担过轻,是指组织赋予决策者的职责或权力低于其能力范围;所谓角色负担过重是指组织赋予决策者的职责或权力超出其能力范围。决策者个体的角色冲突,是指由于决策个体的个人性格与其决策者角色之间、不同的人对其决策者角色的期望之间,以及他所承担的多重角色之间,可能出现不一致、不协调甚至矛盾抵触的情况。在城市规划决策过程中,决策者个体的角色冲突重点表现为官员与专家的冲突(有人称之为权力与知识的冲突),这种冲突是官员和专家均存在着明显的作用局限和角色矛盾所致。

当然,要求官员和专家自己克服种种局限是不现实的,克服和消除官员和专家在城市规划决策中的局限性和矛盾的绝对有效的办法，也是不存在的。关键在于挑选城市规划决策的专家时，应充分考虑专家的类型、长处与短处，并用正确的方法组织专家参与城市规划决策。

6.3.3　主要决策模式在城市规划中的应用

1）理性决策模式

综合理性阶段是西方现代城市规划起源初期一种典型的规划决策模式，它将城市规划决策过程看作是一个纯粹的技术过程，认为决策可以通过理性的分析，以完美的决策程序设计来达到决策正确的结果，我们可以称之为理性决策模式。

赫伯特•西蒙（Herbert A. Simon）是现代理性决策理论的奠基人，他所倡导的理性决策模式（Rational Choice Model）是曾经一度在公共政策理论界最为流行的决策理论。在他1929年出版的《管理决策》一书中充分表达了他的观点。他以"理性人"假设为前提，强调人在决策过程中的主体作用，借用古典经济学中利益最大化原则，认为决策是"基于合理计算的选择"。所谓的决策也就是政府依据明确的公共政策目标，对所面临的多种方案进行成本效益分析、权衡利弊，从中选择出一种以最小代价换取最大效果的公共政策方案的过程。该模式包括以下几项基本内容：

（1）决策者面临的是一个既定的问题，该问题同其他问题相区别；

（2）引导决策者做出决策的各种目的、价值及各种目标是明确的，而且，可以按它们的重要性不同而进行依次排列；

（3）处理问题的各种可供选择的方案为决策者——考虑；

（4）决策者对可供选择的每个方案的可能结果进行了调查研究；

（5）决策者会将每一个方案，在不同的自然条件下的受益值或损失值估算出来，对结果进行比较；

（6）决策者将采用能最大限度地实现目的、价值或目标的方案。

这一过程的结果是一个理性的结果，这一决定将最有效地达到既定目标。由此可以看出，理性决策模式是用来描述、解决城市规划过程中所涉及的复杂问题的科学决策的综合理性方法，强调统计学决策理论和系统分析理论的研究。它作用过程的特征主要体现为价值目标的分类、评价的清晰度、高度综合性的事业以及可通过数学分析的价值量化过程。但需要指出的是,这种决策方式隐含着许多假设前提,它假设国家对社会发展起着重要的引导作用,政府和规划师是价值中立的公共利益的代表,它是通过确定公众的最佳利益提高政府的作用,规划人员对于不确定因素和无限的信息来源有足够的分析能力。显然,这一规划决策过程是由技术专家来控制的,它的基本出发点是:相信规划师有足够的技术能力预测和管理未来,规划师作为技术专家可以控制未来的发展,而且规划师有合法的理性代表社会公正来控制管理未来。

但是在实践过程中面临复杂问题时,综合理性方法虽然可以形成一定的成果,却仅能适用于相对简单的问题或规范化的形式过程,与人们原先的期望相去甚远。其主要原因是由于这种方法假设了规划人员对于不确定因素的分析和无限的信息来源有足够的能力,尤其是当时间和经费都很有限时,这种全面周到、详尽分析的方法缺乏应用能力。首先,对于复杂的社会问题,人们几乎完全不可能掌握关于其全部的理论和知识;其次,人们不能区分在特定条件下价值的重要性序列,更不要说去量化它了;再次,当存在多个决策者,而每个决策者都按经验分析得到某个最优决策时,他们对价值和预期成果之间的分歧是不可弥合的;最后,官僚们往往不能承受社会和政策的巨变,这既超出他们的经验能力,又使他们的地位受到威胁。因此,尽管综合理性的决策模式长期以来是正统理论研究的代表,但是在实践中的作用是很有限的。

2) 渐进主义决策模式

自 20 世纪 60 年代以来,理性决策模式遭到了大量的批评。渐进主义决策模式的倡导者查尔斯·E. 林德布罗姆(Charles E. Lindblom)首先对理性规划决策科学分析的广博性提出了质疑:规划师是否具有足够的能力分析人类尚未完全认识的复杂的社会现象? 如果无法获得庞大完整的信息,规划师又怎能肯定自己的分析是全面且精确的呢? Lindblom 认为"决策者所面临的并不是具体而明确界定的问题。相反,决策者只有首先找到和说明问题的所在,然后才能做出决定"。比如,城市的交通问题、环境问题等,其产生的原因很复杂,明确问题的症结所在常常是决策者的主要难题。其次,此种模式对决策者所做的要求不现实。按该模式假设,决策者必须掌握足够的关于解决问题的信息并能够精确地预测各种选择的后果,还要能对各种方案实施后的成本和收益做出正确的比较。而对于上述提出的复杂城市问题,决策者再会遇到信息量不足、时间紧迫和预测困难等问题,这些均妨碍正确决策的形成。

　　与理性决策模式所提出的过程相比,人们在日常规划过程中的决策行为常常是以一种较为含混的过程进行的。决策者往往代之以一种依赖于以往的经验理性,用较小的政策措施来预见较为近期的过程。这样在进一步的选择过程中,只希望部分地实现所指定的目标,并随着环境条件以及观念的变化和预见准确性的提高,不断重复这一过程。Lindblom 称这种过程为一种"糊弄型"(Muddling Through)的过程,并将这种日常方法与综合理性方法相比较,提出了一种连续有限比较(Successive Limited Comparisons)的决策模式。他认为决策的过程就是渐进的过程,即把决策过程看作各种政治力量、利益团体相互作用、讨价还价的过程,而且看作是对过去的政策加以修正、补充的过程。我们可以将这种决策模式看作是一种渐进主义的决策模式。Lindblom 在其 1988 年出版的《决策过程》一书中指出:"由于时间、财力、信息的限制,人类能力无法清晰地预测未来。鉴于此,与其完成一蹴而就的复杂的综合规划,不如采取更现实的方法,用人类有限的知识、用渐进的思路不断发现问题、解决问题,一点点逐步改变现实来实现最终目标。"

　　渐进主义的决策模式并没有严格的方法体系,但是它更接近日常决策行为。在这种模式中,由于进行决策的前提是有限的资源和有限的理性,故而强调有限的目标确定和有限的实施。同时,目标的确定和行为手段的选择是同时进行的,并没有严格的顺序之分,也就是在确定目标时,就同时考虑相应的手段,而行为手段的选择对目标的确定做出不断的调整。

　　渐进主义,作为一种决策理论的思想基础,它避免了理性决策模式存在的许多问题。同时,这一理论更多地描述了决策者实际做出决定和所采取的方式。Lindblom 认为,渐进主义是多元化社会中决策形成过程的典型特征。各种决定和政策是众多的参与者(支持者)相互商定的结果。渐进主义在政治上是极为便利的。他们持价值多元化的观点,他们认为不存在没有倾向的公共利益,不同的人会从不同的角度看待相同的事物,而在多数情况下,做决策不是根据规划师的分析而是根据规划过程中所有参与者之间进行协商和妥协,也就是说,决策的形成是政治过程和激烈争论的结果,仅靠科学分析是不够的,还需要其他政治力量的参与。渐进主义是多元化社会中决策形成过程的典型特征。它以决策者缺乏足够的时间、情报和其他资源为前提,并不一定寻求彻底解决某一个问题,而是选择"较优"的方法。通过渐进主义方式做出的是有限的、注重实效的且容易被人接受的决定。

　　渐进模式是一种有益的描述性和分析性的决策理论,但不能扩大到一切决定,因为它自身也有局限性:一方面,由渐进模式做出的决策只是反映了社会中势力最强大的而且能组织起来的那部分人的利益,而对社会下层,政治上又无组织的那部分人的利益并没有被考虑进去;另一方面,渐进模式缺乏一种全局的观念,缺乏一种传统意义上认可的正统性,它把注意力集中在短期目标上,只是改变现行政策的某些方面,因而往往忽视基本的社会变革。但是它毕竟更加贴近于城市规划过程的实际情况。在面临复杂情况时,同时进行理论分析和日常分析,比抽象的综合理性模式更易于理解和掌握,但也对决策者的素质提出了更高的要求。我国自改革开放以来一直使用渐进式改革的方式,只不过这种渐进式改革具有明确的长期目标,对我国的决策机制有着深远的影响。

3) 混合扫描决策模式

理性决策模式假设了决策者对决策环境的一种绝对控制,而渐进主义则完全相反,采取一种含混的方式,对环境采取较少的控制。为此,艾米特依·埃特奥尼(Amitai Etzioni)在《混合扫描:决策的第三种方法》一书中提出了混合扫描(Mixed Scanning)的决策模式。这种决策模式是折中的,既不是完全乌托邦的形式,也不完全是自由放任的。该理论把根本性的决策和渐进的决策均考虑到了。它既包括了决定行动基本方向的高级的、基本的决策过程,而且也包含了为根本性的决策做准备的渐进的决策形成过程,并在根本性的决策做出后加以实施。混合扫描理论要求决策者在不同的情况下分别运用理性综合的决策理论和渐进的决策理论。在某些情况下,渐进主义是合适的,而另一些情况下,更多地需要采用理性模式。混合扫描理论还考虑到决策者能力上的不同。总的来说,决策者能用来实施他们决策的力量越大,则进行更多的扫描是现实的。而扫描的范围越广,决策也就更为有效。决策的混合扫描理论,是渐进主义和理性主义相结合的方法。英国的两级规划体系(结构规划和地方规划)就是这种决策模式的典型运用:结构规划提供了整体性的背景,理性程度较高;而地方规划则针对具体问题,更具有渐进的特点。这种规划体系的建构在许多国家的城市规划体系中都有所体现。

4) 制度决策模式

该模式认为,公共政策是由政府机关来制定、执行和推动的,政府机关是公共政策过程的主体,必须透过政府机关的组织、程序和运作来进行公共政策分析。这种模式将政策看作政府机构或体制的产物,制度或体制是个人或组织的结构化行为方式,政府的制度或体制对公共决策过程及政策的内容会产生重要的影响。规则和制度安排所产生的影响往往并不是中立的,相反,他们经常对一部分人有利,而对另一部分人不利;不同的政府制度或体制可能产生非常不同的政策后果。制度决策在规划中广泛应用,如规划技术规范、规划管理制度、规划法规、决策程序等等都是政策的表现。

5) 团体决策模式

这一模式源于政治团体分析理论。该理论认为,团体是社会构成因素之一,团体间的冲突是政治的一种重要表现形式。社会团体往往要借助政府的力量来实现自己的目的,而政府决策取决于利益集团的压力,利益集团的争论、谈判、妥协和竞争是政府决策时的主要依据,对政策制定有着决定性的影响。换句话说,政府决策实际上只是利益团体决策的反映而已。团体决策是西方决策理论的主要模式之一。在我国城市规划实践中,团体决策模式已有所出现,如房地产公司、社会组织等对城市规划决策正逐渐产生更多的影响。然而,这一理论将政府的影响视为完全被动的压力接受者和冲突协调者,使利益集团对决策的影响远远大于政府。这对利益集团、群众组织弱小的中国城市来说是不大适用的。

6) 精英决策模式

精英决策模式又称为杰出人物模式,是托马斯·戴伊(T. R. Dye)和哈蒙·齐格勒(Harmon Zeigler)于 1975 年在《民主政治的讽刺》一文中提出来的。主要理念是:社会事实上分化为执掌权力的少数人和没有权力的多数人;少数的杰出人物并不是多数的被统治者的代表,他们来自经济地位比较优越的社会阶层;在基本的社会制度和基本的价值观念方面,精英集团的看法异常地一致,并会为此而奋斗;精英集团有责任维护社会系统的基本价值观,并在此基础上维持社会系统的正常运行;公共政策是由杰出人物做出的决定,他们的政策决定由专业的行政机关和行政人员具体执行。从规划发展的历程来看,目前绝大多数国家的地区均是精英决策模式,尤其是在发展中国家更是侧重精英模式。目前我国城市规划决策也是一种典型的精英决策,主要由少数的行政官员和专家(包括规划师)来完成。精英决策的重要表现就是决策的非程序化。这是因为"我国的决策模式是非常典型的权力精英决策模式,决策过程基本取决于权力精英的作用,特别是深受人格化权力结构的影响。人格化权力的特点是不大受制于程序的约束,领袖和重要的权力精英的行为方式和人格因素对决策的影响至关重要。这种人格化的精英决策大大加重了决策过程非程序性的方面"。

这些模式的应用主要是在决策技术方法上对我国城市规划决策提供借鉴,但是由于城市规划决策不仅是一个技术问题,它还与一个国家的政治体制、社会环境、经济发展条件有很密切的关系,我国有自己的国情,不可能照搬别国的决策模式。再者,我国社会正处于特殊的历史时期,城市发展的不确定性使我们不可能局限于某种模式类型。因此,对我国决策实践活动进行研究进而提出适合我国的规划决策模式则是当前的主要任务。

6.3.4 案例分析:福建省中心城市框架规划研究

齐康老师《规划课》第二十八课的主题是"区域、城乡融合"。齐老师指出:"城市绝不能孤立存在,它是生长在地区之中的。城市与其所在地区的经济社会发展紧密相连,它们形成产业链,互动发展,进而把大小城镇、城市和乡村紧密联系在一起并一体化发展。""区域一体化发展要根据各地区经济的发展水平来组织、筹划,但都可以以交通为先导,以产业结构为主体,以文化作为纽带,加上注重地区的各种自然、人文社会特点,来综合统筹地区的一体化,同时,也要有协调的机制和正确的行政决策加以指导和统领。"笔者于2004—2005年全程参与编制了《福建省中心城市框架规划研究》。

自20世纪初,根据发展的形势和现实需要,我国各地陆续开展区域规划和城市群研究。2004年,正值编制"十一五"规划之际,福建省委省政府正式确定"建设海峡西岸经济区"的发展战略,并提出发展壮大中心城市这一重大举措。在此背景下,福建省发展和改革委员会根据省内工业化、城市化发展状况,提出"在研究福建省中心城市发展框架的基础上生成一批重大基础设施项目"的全新课题,以指导今后10~15年福建省各中心城市的经济社会发展和全省"十一五"规划的编制。受福建省发展和改革委员会委托,笔者所在工作单位——中国国际工程咨询有限公司承担"福建省中心城市框架研究"任务。从当时的宏观背景看,我国已初步形成以城镇体系规划为基础,以各类专项规划和城镇密集地区、城市群、都市圈发展规划为重点,以基础设施建设、生态环境资源保护为调控对象的区域城镇体系规划编制系列。规划的调控重点从关注城镇节点转向区域整体。但全省域范围的以发展壮大中心城市为主要目标的框架性规划还属空白。

"中心城市框架规划研究"应重点研究回答以下两方面的问题:一是厘清福建省区域经济发展思路,在明确现有中心城市福州、厦门、泉州三大中心城市以及宁德、南平、龙岩、三明、漳州、莆田6个区域中心城市战略选择和空间布局的基础上,研究提出福建省中心城市发展的基本框架。二是根据福建省中心城市框架规划思路,从区域经济的角度提出未来10~15年内,福建省应考虑的综合交通、城建环保和社会公共服务等重大基础设施建设项目的建议。框架规划研究的目的是从战略上解决各中心城市长远发展的框架问题,从战术上解决近期如何部署综合交通体系和公共服务体系两大支撑体系的基础性设施建设问题。研究成果既要有针对性,又要有可操作性,以引导、统筹、协调区域内各类专项规划和城镇密集区规划、城市群发展规划、各中心城市总体规划的制定和修编。

中心城市战略来源于区域发展经济学中的增长极理论和"中心—边缘"论,是依靠非均衡增长模式,快速推进区域经济增长的重要途径和方式。中心城市框架规划研究,则属于区域规划研究范畴,指基于区域整体发展和中心城市成长要素进行综合的分析、判断,做出以中心城市为增长极,"中心带动边缘、推动整体提升",具有决定全局意义的谋划,从整体上勾画各中心城市之间、中心城市与边缘地区之间互动协作发展的空间布局架构,引导协调区域内各行业规划和专项规划的编制和完善,该框架规划既是一种战略性的空间规划,也是一种"区域性的战略思考"。

国际上关于中心城市发展的理论比较多,其中具有影响和实践意义的有4个:

(1)"世界岛"理论,即每一个城市在世界市场是一个岛,这个岛的集聚、辐射、流通、增长的能力和世界市场的每一根神经都密切相关,每一个动作都会牵扯到世界市场的动作。换句话说,每一个城市的优势必须是其他任何城市都无法替代的。从20世纪以来,全球产业不断在世界市场上进行着产业梯度转移。由于价格下降,成本上升,制造业从欧洲转向美洲,再从美洲转向亚洲。在这一背景下,亚洲四小龙快速起飞的基点正是其低廉成本优势和良好区位条件。在这个竞争的时代,一个城市不仅仅是与相邻的城市竞争,更重要的是与全国范围、世界范围内的城市竞争。

(2)"中心—边缘"理论,即每一个中心城市都覆盖一定的边缘区域为腹地。这种覆盖并非简单的叠加,而是"中心"与"边缘"城市功能和产业集群的有机关联。通过城市开发和经营,对企业的地域选择趋向产生影响,促使城市的产业集群,从企业简单的集聚向产业分工转变,打造深度产业链;从工业体系向市场体系转变,整合周边城市的市场体系;从本土化经济向外向型经济转变,最终实现城市从常规发展向跨越式发展的转变。

(3)"增长极"和梯度转移理论,即每一个中心城市应该是一个经济增长极,以产业链为主轴扩展城市的经济辐射带动力,将中心城市处于低梯度阶段的生产活动逐渐向周边城市转移,通过促进低梯度地区发展,来壮大中心城市。

(4)"城市圈域"理论,即由多个城市以各种形式密切交互作用、空间形态形成巨大城市群落,在这个群落内,有数个大城市为核心支撑,区域发展以这些城市为中心,以圈域状的空间分布为特点,逐步向外发展。一般城市圈域分为3个部分,即有一个首位度高的城市经济中心;有若干腹地或周边城镇;有一个中心城市与腹地或周边城镇之间形成的"极化—扩散"效应的内在经济联系网络。

现代城市发展由于自然环境、资源生态及历史文化等条件差异,城市空间形态变化呈现出异质性,这就对"做大做强中心城市"提出了新的更高要求。

国内外城市扩张的模式有3种:

(1)单中心块聚式模式,主要包括集中型同心圆模式和轴线带状扩展模式。前者以主城区为核心,以同心圆的环形道路和放射形道路作为基本骨架分层扩展,以法国巴黎、我国北京等代表,后者沿着对外交通体系为主轴线方向成带状扩展,日本筑波市和我国兰州市较具代表性。

(2)主—次中心组团式模式,这一模式在我国现代城市规划实践中较为流行。主要包括跳跃式成组团模式,即通过培育和发展几个城市次中心,打破原有的圈层模式,将原来单中心的一些功能合理分散配置到各个分中心,实现不连续的跳跃扩展,美国底特律采用此种模式;卫星城模式,即以卫星城分担中心城市的部分功能,形成分工协作的区域城市组团体系,以伦敦的"新城计划"最为著名;开发区模式,即以现有城市为依托,采用成片开发新区建设组团,上海、天津、重庆等都是较为成功的案例。

(3)多中心网络式模式,主要包括簇状城市模式和城市带模式。前者推动卫星城向边缘新城发展,城市系统内各中心凭借互补作用及信息服务联系在一起,形成网络化系统。日本东京是这种中心网络结构的一个典型。城市带模式是由地域上集中分布的若干城市集聚形成多层次的城市圈,这一模式通过整合各城市成员的优势和功能,有利于形成发展合力,因此受到学界和城市决策者的关注和青睐。实践证明,通过城市圈域的整合,区域发展可以得到极大推进。正基于此,国内武汉、合肥、青岛、济南等城市纷纷提出通过城市群(或城市圈)的方式来做大做强中心城市的举措。

应当指出,一个城市在不同的发展阶段,其用地扩展和空间结构类型可以不一样。如法国巴黎在早期是采用集中型同心圆模式进行城市拓展,当随着城市扩大遇到"障碍",又开始通过"新城计划"以分散的跳跃式成组团模式去发展,如今巴黎已开始呈现向簇状城市模式演进的态势。

在我国,由于受长期计划体制的影响,城市规划往往是供应导向而不是需求导向。要从计划转变成规划,就要站得高、看得远,更有前瞻性和综合性。随着市场经济体制的深化,国内的各项规划正在向需求导向过渡,向大都市圈和区域框架规划扩展,城市发展战略和前期研究工作日益得到重视。大家普遍认识到,区域空间结构形成后很难改变,特别是农业空间、生态空间等变为工业和城市建设空间后,调整恢复的难度和代价很大。福建省福、厦、泉、漳等中心城市在编制或修编各类规划时,虽然共同关心城市之间的合作与整合、自身城市定位与区域协调发展的关系、城市规划从强中心建设向多中心布局结构方向演进等问题,但这些问题并没有在各中心城市的总体规划和专项规划中得到科学的体现,从区域经济发展的角度进行统筹协调和突出特色发展的措施也不明显。此次中心城市框架规划研究为解决类似问题探索了新的经验。

经过一年多的努力,最终形成的研究报告提出构建"台海经济区"的概念,提出"大通道、大产业、大服务"的规划思路,提出发展以福州为中心城市的核心组团式的闽东北城市组团和以厦门、泉州、漳州为中心城市的多中心模式的闽西南城市组团两大城市组团,以及构建综合交通体系和公共服务体系两大支撑体系、沿海和内陆两条发展带错位经营的规划设想,同时围绕着上述设想又对 9 个中心城市功能定位、产业分布、空间布局等从区域经济发展的角度重新定义,优化调整,提出打造"湄洲新区"和"武夷新区"两个崭新的城市拓展区域,为促进闽东北和闽西南城市组团,尤其是福州和厦门两个中心城市之间的良性互动、协调发展提出新的建设性的可操作的方案。而在两大支撑体系研究中,则对航空、公路、铁路、海运、水运以及城际交通等交通网络建设方面的具体项目提出有针对性的优化调整意见,从而策划一批重大项目,以上成果为"建设海峡西岸经济区"发展战略充实了内涵,为各中心城市长远发展从战略上提供了框架思路。专家论证和媒体反映普遍认为,福建省中心城市框架规划研究充实了建设"海峡西岸经济区"发展战略的内涵。福建省"十一五"规划纲要已采纳相关建议。

2010 年出台的《全国主体功能区规划》将"海峡西岸经济区"确定为国家层面的重点开发区域。该区域要构建以福州、厦门、泉州、温州、汕头等重要城市为支撑,以漳州、莆田、宁德、潮州、揭阳、汕尾等沿海重要节点城市为补充,以快速铁路和高速公路沿线为轴线的空间开发格局。强化福州科技创新、综合服务和文化功能,增强辐射带动能力,打造海峡西岸经济区中心城市、国家历史文化名城和高新技术产业研发制造基地。推进厦漳泉(厦门、漳州、泉州)一体化,实现组团式发展。这说明,2005 年形成的福建省中心城市框架规划研究报告思路是符合发展趋势和国家要求的。

6.3.5 案例分析:面向 2030 年的六安市城市发展战略研究

笔者 2012—2013 年全程参与了面向 2030 年的六安市城市发展战略研究项目。

1) 六安概况

六安市位于安徽省西部、大别山北麓、江淮之间,依山襟淮,是大别山地区的东部门户,是鄂东、豫南、皖西与我国东部发达地区衔接的必经之地。六安东邻合肥和巢湖,南接安庆及湖北省黄冈,西与河南省信阳毗连,北接淮南市并与阜阳市隔河相望,素称"皖西"。六安辖金安、裕安两区和寿县、霍邱、金寨、霍山、舒城 5 县,设六安经济技术开发、叶集改革发展试验区和市承接产业转移集中示范园区,至 2012 年底,全市有 156 个乡镇、8 个街道、92个城市社区、2 081 个村民委员会。市域总面积 17 976 km²,户籍人口 710.3 万人。

2) 战略研究的背景

六安于 2000 年撤地设市。建市十多年来,六安市以招商引资主战略、工业化核心战略和适度超前的城镇化带动战略引领发展,城市建设和发展取得巨大成就。城市建成区面积由 2000 年的 19 km² 扩展到 2012 年的 60 km²,城市人口由 22 万人增至 60 万人,由原来以农村经济为特征的小城市成长为一座现代化的中等城市。与此同时,也出现一些问题和具体的困难。主要表现在:从全市范围看,经济总量小,人均指标低,城镇化率低,经济综合竞争力不强,多数指标在省内排名长期靠后,在周边城市激烈竞争的态势下,扭转落后局面困难重重;从六安内部结构看,县域经济加快发展,各县实力不断增强,相比之下,以裕安区和金安区两个市辖区为主的中心城区明显偏弱,各项指标不仅弱于省内其他市区,甚至不及市内各县,成为六安全面发展的"洼地",成为城市健康和可持续发展的主要制约因素之一,引起市委市政府的高度重视。

当前,我国正处于重要战略机遇期,党的十八大对我国社会主义经济建设、政治建设、文化建设、社会建设、生态文明建设做出重大部署,提出"在本世纪头二十年,集中力量,全面建设惠及十几亿人口的更高水平的小康社会"的奋斗目标,为六安城市发展提出新的更高要求。为进一步厘清六安市未来一段时期在城市经济、社会、生态等现代化建设中的若干重大关系,寻找六安在区域发展中的新定位,发挥中心城市引领带动作用,研究转变经济增长方式、调整产业结构、优化空间布局、改善民生、提高城市质量的发展思路,从战略层面提出六安市城市可持续发展的理念、方向、定位、目标、格局、重点任务等一揽子框架方案,推动六安全市经济社会又好又快发展,六安市人民政府决定开展城市发展战略研究,为制定新战略奠定基础。

3)战略研究的意义

城市发展战略是在一个时期内,决策者依据城市已有的基础、具备的条件、面临的形势及对各种不确定因素的预测,并充分考虑不同立场的人的愿望,对城市未来发展目标的定位、发展思路和发展对策的谋划。当前,制定六安城市发展新战略的意义在于:

(1)扭转不利趋势。可为决策者提供全新的思路和行动方向,从而扭转六安市城市发展不利导向和趋势。

(2)预知未来冲击和环境变化。通过对未来10年甚至更长期的不确定因素的识别,分析各种可能的环境变化趋势和发展情景。

(3)指导短中期规划实施。根据长期发展战略制定短中期实施规划和方案,使其不偏离城市总体发展方向。

(4)形成战略共识。通过城市发展战略的制定,建立政府、企业、普通民众等各类群体的共同的理想、目标,以致达成协调一致的行动。

(5)明确战略措施。通过各种政策手段和机制安排引导各种要素资源合理配置,实现城市整体利益最大化。

4)研究内容和重点任务

六安市政府委托中国国际工程咨询公司开展城市战略研究。委托的主要内容包括:

(1)研究背景、任务和意义。在经济全球化和区域经济一体化背景下,深入分析六安市现状、禀赋特点和未来发展要求,指出本次城市战略研究的任务和意义。

(2)区位分析和SWOT研究。分析论证六安市在大的区域经济格局中的区位特点,借鉴国内外类似城市发展的成功模式;同时对六安市城市发展总体情况进行纵向和横向的全面系统研究,分析城市发展面临的各种主要内外部优势、劣势、机会和威胁等,提出相应的城市发展战略和对策。

(3)六安城市发展战略。厘清六安市未来一段时期在城市经济、社会、生态、基础设施等全面发展和建设过程中的若干重大关系,从战略层面提出城市发展的理念、思路、定位、内涵、目标(指标体系)、原则、重点和主要任务等一揽子框架方案。

（4）战略重点和主要任务。研究六安市在转变经济增长方式、优化调整产业结构、构建现代产业体系、优化城市空间布局、改善民生、提高城市发展质量和可持续发展能力、改革开放、自主创新等方面的发展思路，从战略层面提出城市发展的战略重点、主要任务和空间布局建议。

（5）重点领域突破。在经济增长、产业发展、社会民生、城市建设、生态文明、基础设施、改革开放、自主创新等领域选择重点进行突破。

（6）产业发展设想。重点是中心城市和东部新城的产业发展方向、目标、主导产业、规划设想方案。

（7）优化空间布局。在发展战略指导下，重新审视城市空间结构，统筹城乡，优化产业布局，提出重大基础设施建设框架方案。

（8）体制机制创新及政策建议。从政策制定、机制与制度创新、加强管理、保障体系等角度，提出切合实际、协调配套、具有可操作性的措施及建议。

本次战略研究的侧重点是中心城市及其产业发展。

5）主要研究方法

本次战略研究遵循的原则为：突出六安特色，具有时代特征，体现继承和创新的统一，平衡各方发展愿景。

采用的主要研究方法为：

（1）竞争力分析。构建城市竞争力指标体系，通过对指标进行无量纲化处理，进行因子分析，对合肥经济圈城市各种竞争力进行排序，分析六安在合肥经济圈中的相对优势。

（2）比较优势分析。分别测算六安制造业和服务业各产业相对合肥的区位商，从中甄别出六安具有比较优势的产业领域。

（3）SWOT 分析。首先，基于六安内在条件和现有实力，找出城市发展的优势、劣势及核心竞争力。优劣势分析侧重于六安自身实力与周边城市的比较，以确立六安的竞争优势，有所为有所不为。其次，分析外部环境变化影响对六安发展可能带来的机遇与面临的挑战。外部环境变化对不同城市可能有不同的影响。外部机遇和面临挑战的分析主要针对六安城市特点展开，为城市发展寻找关键性的外部机会，确认主要的外部威胁。最后，综合外部环境和内部要素分析，通过战略组合比选，制定出适合城市发展的最佳战略。

（4）情景分析。承认未来发展的不确定性、城市发展的规律性和人的主观能动作用。在对城市现状进行深入全面的分析，并从中找出城市发展中面临的核心问题；针对核心问题,寻找关键性影响因素,并区分确定性因素和不确定因素;考虑不同立场的人对城市发展的愿望和意志,大胆地假设几种不同的未来城市发展情景,并从中优选,确定最优方案;以所构建的发展情景为目标,以时间为路径,从未来倒推到现在,找到实现该情景的合理途径;综合考虑经济、社会、文化发展和空间结构现状等,以最优情景为基础,综合其他情景中的合理因素,确定战略构想,提出实现构想的途径和策略。

(5)案例分析。借鉴美国城市群架构、东京和巴黎大城市发展空间布局和规划思路,对六安区域定位提供借鉴。

6)中心城市发展战略

(1)生态立市:以生态文明建设推进城市发展方式根本转变

在未来六安城市化加快发展的形势下,转变以往城市高消耗、高污染、低效益的发展模式为低消耗、少排放和高效益的新型发展模式,把环境竞争力放到更加重要的地位,用生态经济、生态人居、生态文化、生态和谐社区的理念建设生态居住城市,提供符合生态文明建设标准的美好城市生活的城市功能,积极创造舒适、优美、宜居、宜业的生产与生活环境,建设以绿色生态为主题的"环境友好、社会和谐、活力高效"的生态名城。

(2)文化兴市:以打造特色城市文化提升六安软实力

历史发展表明,文化是城市发展的核心竞争力。六安要把保护城市历史文化作为核心内容,把打造特色鲜明的城市文化作为提升六安竞争力的战略任务,统筹好城市建设与历史文化保护,使城市的历史延续和现代发展相得益彰,以文化来塑造城市的特色和品牌,以文化来增强市民对城市的认同感和归属感。挖掘六安皋陶文化、楚汉文化、淮河文化、皖西红色文化、大别山文化等为代表的传统文化的深邃内涵,从历史文化中提炼符合现阶段城市发展要求的城市文化品牌和精神,赋予六安传统文化新的生命力,赋予六安城市发展新的灵魂。通过文化兴市战略的实施,逐步树立城市文化品牌特色鲜明、城市文化产业繁荣发展、市民具有较高城市文明气质的城市形象。

(3)旅游旺市:以旅游目的地建设提升城市影响力

把握好安徽省建设旅游强省的发展机遇,坚持把旅游业打造成为六安的战略性支柱产业,转变旅游发展方式,以大别山为品牌,以绿色山水为骨架、红色资源为主线、古文化为底蕴、地质遗产及民俗文化为特色,着力构建绿、红、蓝、古、特五大旅游产品体系为重点的大别山锦绣山湖多彩之旅。把六安市建成为大别山区域旅游主要集散中心,省内一流、全国著名、国际特色的旅游目的地,提升城市区域影响力。

（4）科技强市:以产业振兴奠定小康社会坚实基础

科技和产业革命迎来新的发展空间。每个中心城市都在培育和集聚高端创新要素,催生新兴产业,经济增长方式由要素驱动向创新驱动转变。六安应坚持走新型工业化道路,着力发展以战略性新兴产业为重点的高新技术产业,依靠先进技术改造提升传统优势产业,加速发展高技术服务业,培育发展若干创新型园区和产业集群,加快形成结构优化、技术先进、清洁安全、附加值高、吸纳就业能力强的现代产业体系,成为具有较强竞争力的战略性新兴产业引领高地。

（5）空间优化:以区划调整和园区布局优化资源配置

根据空间发展布局的需要,调整行政区划,整合各类园区。区划调整的方向是扩大中心城市面积和人口,把六安中心城市做实做强做大,增强中心城市的实力和影响力,打造一个新的增长极,加强产业集聚,改善城市功能,提升发展质量。通过整合开发区形成开发区错位竞争的格局,同时避免定位雷同,打造特色产业集聚区。

（6）机制创新:以体制机制创新激发城市发展活力

在体制机制创新方面大胆尝试,减少因行政体制分割造成的资源错配和区域恶性竞争。加快行政体制改革,建立创新型和服务型政府。转变政府城市管理理念,由注重城市规模扩张转向注重城市的发展质量和城市竞争力的提升,把改善城市环境和民生放到更加重要的位置。要完善城市管理架构,创新城市社会管理体制和模式,完善社区管理和居民自治制度,提高社会管理水平。

（7）重点战略任务

结合上述定位、战略和目标,六安中心城市发展的战略重点为:一是产业振兴,包括主导产业发展的战略选择和战略重点产业的发展思路;二是空间优化,中心城市空间结构的战略调整和功能分区,以及体制机制创新和城市管理方面的重大对策建议。

6.4　中央政府决策模式演变

改革开放以来,中国的决策过程发生了很大的变化,经历了持续的决策"科学化、民主化、程序化"的建设过程。Lampton 将改革开放以来中国的政策变迁过程概括为四化:"专业化

(Professionalization)、分权化(Decentralization)、总体多元化(Corporate Pluralization)、全球化(Globalization)。"研究人员观察到的中国中央政府的决策过程的变化主要有以下几个方面:一是决策过程的权力更为分散。对于系统控制的放松和分权化的改革,使得决策权力不再集中于中央高层,而向部门、地方分散,中国的决策过程表现出更多的多样性和差异性。决策过程由于权力分散表现出更多的讨价还价的特点,使得原有的独裁决策过程碎片化,有学者将其称为破碎的权威主义。二是专业研究人员的更大程度的参与。政府下属的政策研究机构的设立,并参与到决策过程中,提高了中央高层领导的信息水平和决策能力,科技精英也参与到决策过程中去,同时思想库的政策专家的影响力也日益增加。国家五年计划的编制模式演变按照其决策的特征分为4种类型,共经历了5个阶段:

6.4.1　内部集体决策("一五"至"二五"前期)

包括以下几个特点:① 虽然是由官僚体制中某个机构主导编制过程,但是,不同层级、不同部门的官僚机构共同参与编制;② 国家不同机关按照法定的程序共同决策;③ 对于重大事项国家领导人集体做出决定;④ 决策过程是基于民主集中制,实事求是。"一五"到"二五"前期,中国已经形成了政府内部集体决策的机制安排,随后受到了破坏,到"五五""六五"才得以重建。

6.4.2　"一言堂"决策模式("二五"后期至"四五")

这一决策模式的特点是决策过程中强调个人的绝对权威,决策没有固定的程序,决策过程随意,虽然有一定范围的决策主体参与决策过程,但是并没有积极表达自身的意见,决策过程陷入"跟风效应"。"二五"计划编制后期,由于内部集体决策模式被破坏,中国进入了"一言堂"决策时期,一直延续到"四五"计划。

6.4.3　咨询决策模式("七五"至"九五")

这一决策模式除了具有内部集体决策的特点之外,决策咨询的范围扩大到政府外部精英,专业的研究机构与人员、党外人士、商业精英人群也通过不同机制参与到决策过程中,"七五"以后中国开始进入咨询决策时期,政府外部的精英群体发挥日益活跃的作用。

6.4.4 集思广益决策模式("十五"至"十二五")

这一决策模式除了具有咨询决策模式的特征之外,还具有以下几个特点:① 非精英群体的公众和组织也开始直接参与到政策过程中,但是政策影响相对有限;② 决策过程更为开放;③ 形成了大规模的公众政策讨论,决策的主体更为广泛,观点交锋、利益表达也更为多元。"十五"以后,中国开始出现集思广益决策模式,并日益向公共决策转型。

笔者于 2009 年开始全程参与了《全国城镇生活污水无害化处理和再生利用设施"十二五"建设专项规划》和《全国城镇生活垃圾无害化处理设施"十二五"建设专项规划》编制。从专项规划立项、专题研究、形成总体思路与规划纲要、地方编制省级规划、评估省级规划、汇总全国数据、广泛征求意见、修改完善规划初稿、形成送审稿,到上报国务院审批,最终定稿,整个过程全面体现了集思广益决策模式的应用。2013 年,国家发展和改革委员会组织进行两项规划的中期评估,在地方总结评估的基础上,委托中国国际工程咨询有限公司进行阶段性评估检查,形成评估报告,上报国务院。

7 城市决策的机制、行为与程序

7.1 机制与决策机制的定义

7.1.1 机制的概念

《现代汉语词典》(第7版)解释"机制"："泛指一个工作系统的组织或部分之间相互作用的过程和方式。"

机制有多重含义，例如用机器制造的；机器的构造和工作原理；有机体的构造、功能和相互关系；泛指一个复杂的工作系统和某些自然现象的物理、化学规律等等。与我们常说的机制相近的含义是指做事情的方式、方法。但又不等同于这个意思。简单地说，机制就是制度加方法或者制度化了的方法。

首先，机制是经过实践检验证明有效的、较为固定的方法，党建的工作机制，不因党组织负责人的变动而随意变动，而单纯的工作方式、方法是可以根据个人主观随意改变的。

其次，机制本身含有制度的因素，并且要求所有相关人员遵守，而单纯的工作方式、方法往往体现为个人做事的一种偏好或经验。例如监督机制，不仅指人人必须遵守的制度，而且应该包括各种监督的手段和方法。只有二者结合起来才能发挥作用。

再次，机制是在各种有效方式、方法的基础上总结和提炼的，而方式、方法往往只是做事的一种形式和思路。机制一定是经过实践检验有效的方式方法，并进行一定的加工，使之系统化、理论化，这样才能有效地指导实践。而单纯的工作方式和方法则因人而异，并不要求上升到理论高度。

最后，机制一般是依靠多种方式、方法来起作用的，而方式、方法可以是单一起作用的。

例如,建立起各种工作机制的同时,还应有相应的激励机制、动力机制和监督机制来保证工作的落实、推动、纠错、评价等。建立完善的机制,才能使党的建设稳步发展,保持长久的活力。

对"机制"一词的定义应该包含4个要素:

(1) 事物变化的内在原因及其规律;

(2) 外部因素的作用方式;

(3) 外部因素对事物变化的影响;

(4) 事物变化的表现形态。

我们在研究机制问题的时候,应该考虑到这样的几个方面。尤其应该重视对事物变化内在规律的研究。同时要充分考虑外部施加的人为因素可能产生的影响和后果。

用以上认识审视我们目前的某些政策、举措和具体的决策,会发现存在的问题多数是没有对事物的内在变化规律搞清楚,也没有认真考虑出台的措施对要解决的问题产生什么样的影响,只是凭主观的愿望或想当然而决定所造成的。

7.1.2 决策机制的定义

决策机制指相互关联的决策环节、步骤、阶段按照一定的先后次序排列形成的规范、有序的决策流程。国家决策是多种因素相互作用、各种利益关系相互博弈的一种动态过程,决策机制就是为了保障这种动态过程有序化的制度化安排,强调决策权力的动态运行过程。

决策方式指决策行为主体行使决策权力的方法和形式。不同的决策方式会影响决策信息的处理效率,营造不同的决策情境,从而最终对政策结果形成影响。

7.2 新中国成立初期我国的决策机制

7.2.1 新中国成立初期我国的决策机制特点

一是决策机制制度化程度低,决策程序结构不合理,决策程序缺少刚性约束力,使得决策过程缺乏稳定性和可预见性,导致决策过程的非规范化、主观随意性和非连续性,决策系统功能紊乱。

二是某些决策机制运作低效、功能发挥不正常,决策信息渠道不畅、决策信息系统的沟通功能不足,决策专家咨询系统的实际作用有限,监督系统的功能发挥不力。

三是决策机制不健全,缺乏必要的决策反馈协调机制、决策失误责任追究制度等。

四是由于干部制度实行终身制,决策者没有任期限制,使决策体制缺乏自我修正和调节的功能。

7.2.2 决策形式和决策机制改革

为适应决策民主化要求,满足人民群众知情权、表达权、参与权和监督权的需要,改革开放以来,通过不断推进决策体制改革,吸收地方基层单位在决策形式创新方面的试点试行经验,如"村务公开"制度等,逐步推动中央决策形式从封闭向开放转变。

(1)从政务公开到党务公开。自中共"十三大"提出"提高领导机关活动的开放程度,重大情况让人民知道"以来,决策形式从政务公开,即推行政府公开办事制度并开始逐步走向开放,收到良好的社会效果。中共十六届四中全会明确提出"建立和完善党内情况通报制度、情况反映制度、重大决策征求意见制度,逐步推进党务公开,增强党组织工作的透明度"。"这是在中国共产党历史决议中第一次提出推行党务公开,标志着党内民主迈出了重要的一步"。

(2)从局部的公开到全流程的动态公开。政务公开首先从公开办事开始,公开是局部的、某个方面的,然后发展到政府行政权力运行过程的公开。为了防止有些政府部门公开内容不全面、不清晰,国务院政务公开办公室要求各级政府编制政务公开目录,依照行政权力运行程序绘制并公布流程图,按规定主动或依申请公开行政权力运行过程,实行政府权力运行过程的动态公开。

(3)政务公开逐步法制化。为了解决有的地方和部门政务公开不规范,随意性较大,想公开就公开,不想公开就不公开的问题,国家加快了推进政务公开的法制化进程。2005年3月,中共中央办公厅和国务院办公厅联合发布了《关于进一步推进政务公开的意见》,明确提出要建立健全政务公开的法规制度。经过两年的工作,《政府信息公开条例》正式颁布,并于2008年5月1日开始试行。这个条例的实施,对于保障公民、法人和其他组织依法获取政府信息,提高政府工作的透明度有了切实有效的法律保障。

(4)从公开到全方位开放。决策公开是为了满足公民的知情权,便于社会各界的监督,使决策权力在阳光下运行。而决策开放则是为满足公民的参与权,便于吸纳和集中社会各界的意见和智慧,体现决策的公共性价值。

(5)决策机制改革。决策机制建设是决策民主化、科学化的重要内容,也是民主化和科学化的实现形式。过去在中国共产党历史上也强调要发扬民主,并把民主集中制作为中国共产党决策的指导原则,但当遇到问题,特别是对问题又有不同的意见和看法时,曾发生过背离了民主集中制原则而独断专行的现象。形成这种现象的原因可能是多方面的,其中一个重要的原因,是只讲民主决策的原则,而忽视了民主决策机制和程序建设。程序化的决策机制是保证决策民主和决策科学的必要条件,如果决策民主化只是停留在原则上,而没有相应的实现机制和严格的程序做保障,决策的民主化就只能是一种时髦的口号;如果决策的民主化只有原则性的规定,而没有具体的程序性安排,决策的民主化也只能是纸上谈兵,没有可操作性和可行性。在这个意义上说,决策机制的建设对促进决策的科学化、民主化具有不可或缺的功能。

7.3　中国式共识型决策模式

在当今世界政治体制中,中国政府决策机制的决策效能受到世界瞩目,通过出台一大批重量级的经济和社会政策,不仅回应社会上各种诉求甚至是分歧诉求,解决现实问题,而且通过决策机制分配社会资源和权力,推动国民经济和社会快速发展。西方政要和学者通过系统观察中国决策体制和决策过程问题来研究中国政府的运作逻辑以及政权特征、性质。2011年,美国学者弗兰西斯·福山评价中国决策机制:"中国之所以能成功地应对金融危机,是基于她的政治体制能力,能够迅速做出重大的、复杂的决策,并有效地实施决策,至少在经济政策领域是如此。"

从本国视角和实际经验出发,中国中央政府重大政策的决策模式已由过去的"个人决策""集体决策"转向一种民主化、科学化水平更高的决策模式。"中国式共识型决策"有其自身深厚的文化背景和体制特征。该模式有两大支柱,即通过"开门"与"磨合"机制实现更大的包容性与参与性。

7.3.1　"开门"机制

"中国式共识型决策"模式致力于建立具有更大包容性与参与性的"开门"机制。中国中央决策有"请进来"和"走出去"的机制,其中最关键的是"走出去"。长期以来,中国决策体制形成了"走出去"、调查研究、了解国情的优良传统,即在制定重大公共政策时,通过下基层、下一线,展开各种形式的调查研究,倾听民意,"摸透下情",化解矛盾,使决策建立在实事求是的基础之上。老一辈领导人十分重视群众意见在决策中的重要性,毛泽东说,"眼睛向下,不要只是昂首望天。没有眼睛向下的兴趣和决心,是一辈子也不会真正懂得中国的事情的"。陈云说,"只有收集了群众的意见,才能做出很好的决定,否则是不可能的"。"共产党员要领导群众,就必须首先向群众学习"。

7.3.2　"磨合"机制

"磨合"机制通过将不同政策偏好"集结"起来的,通过政治系统的整体协作实现有效决策。决策"大门"打开后,各种意见纷至沓来,为科学、民主地吸收合理意见和诉求,整合不同意见和偏好,关键的是适时终止不必要的争执,在正确的时刻做出有效决策。在政策出台之前,不同决策主体之间以不同方式进行"多轮互动",直到达成最终方案,是"群体决策"的结果。决策机制要在多主体、多层次、多阶段、多轮互动的群体决策过程中,进行意见的磨合,进行拍板定案。"磨合"机制有3种主要方式:第一种是"下层协商",决策部门和部委之间进行政策协商;第二种是"中层协调",各类横向部际协调和领导机构之间进行协调;第三种是"顶层协议",即集体决策,领导拍板。最终的拍板和定案大都在一系列高层会议程序中实现,如政治局会议、政治局常委会、国务院常务会等,是政策整合和共识构建机制的重要组成部分。中国党政系统的最高决策者历来重视信息和调研工作,针对有待决策的问题,十分重视以调查研究为依据,作为拍板者的顶层领导们也不能由个别人说了算,必须经过相互间的协议(即共同计议),做出决策。

在现行的西方体制下,重大国家决策的运作机制多采取"制衡"式,即决策权不仅被分割成若干部分,由不同机构所分掌,而且使它们享有彼此否决的权力,形成相互牵制的局面,让其中任何一部分都不能独占优势。制衡的优势是防止独裁,但缺点是容易形成政策僵局:过多的否决点,使整个决策过程支离破碎,便于特殊利益集团各个击破,劫持整个决策过程,例如美国的政治制度的"碎片化"。以"协商""协调""协议"为特色的"磨合"机制是中国决策体制的一大优势。"磨合"机制作为一种统分结合的机制,通过涵盖整个体制的且不同层次的有效协调、协作和协议达至最广泛的共识,能够保证多主体、多层次、多阶段、多轮互动型群体决策得以顺利进行。

7.3.3 案例分析:基础设施建设领域的应用

改革开放后,我国基础设施水平和对基础设施的投资模式发生了巨大的变化,良好的基础设施支撑了我国的直接生产性投资和经济增长。经济分权和对地方政府正确的激励使地方政府在基础设施的投资上扮演着极其重要的角色。我国基础设施的水平表现出沿海与内地之间的显著落差,中部地区相对"落后"的地位基本上没有改变的趋势。原因是基础设施投资具有显著的"追赶效应"。改革开放使东部进入基础设施建设与经济增长的良性互动,西部一直得到中央政府的转移支付和基本建设投资的支持。只要中西部地区的政府继续努力,相对差距会逐步缩小。地方政府之间在"招商引资"上的标尺竞争和政府治理的转型是解释我国基础设施投资决策的重要因素,这意味着分权、Tiebout 竞争、向发展型政府的转轨以及政府治理水平的提高对于改善政府基础设施投资的激励是至关重要的。

中国自上而下的政治管理模式推动了地方政府向"发展型"政府治理模式的转变。其中最重要的内容就是改革了公共部门的结构和管理,提高了政府部门的职业化水平,加速更新了政府的人力资本并坚持了垂直集中的政治管理体制和官员的任命制。由于改革开放以来中国加速了党和政府官员(包括中央和地方)的人力资本的更新速度,较好地实现了地方政府向"发展型政府"的转型和向职业化的技术官僚结构的变迁,能够改善政府提供基础设施和其他公共品的激励。由于面临财政分权和垂直政治集中的双重激励,中国的地方政府被驱动的方向更多的是经济增长而不是收入的再分配。中国的政治集中模式自 20 世纪 80 年代中期以来与财政分权体制的结合不仅创造了地方政府间的典型的"标尺竞争",而且推动了政府系统向发展型政府治理模式的转型,这是理解中国近 20 年来基础设施水平得以持续和显著改善的重要线索。

7.4　现代决策分析方法综述

决策是指组织或个人为了解决当前或未来可能发生的问题,从确定行动目标到拟定、论证、选择和实施方案的整个活动过程。

现代决策是一门被称为决策学的专门学问,其综合性、实践性极强。它作为一种具有独特领域的理论和方法,与领导科学、管理科学、行为科学等众多学科相互渗透、彼此交叉,共同为实现人类社会的无数目标服务,同时在实践的过程中不断丰富和更新自身。归纳起来,目前国内比较趋于一致的看法:

7.4.1　决策的类型

1) 按决策的重要性划分

(1) 战略决策:指与确定组织发展方向和长远目标有关的重大问题的决策。具有全局性、长期性与战略性,解决的是"干什么"的问题。

(2) 战术决策:为完成战略决策所规定的目标而制定的在未来一段较短时间内具体的行动方案,解决的是"如何做"的问题。

2) 按决策的重复性划分

(1) 程序化决策:又称常规决策,是指对经常出现的活动的决策。

(2) 非程序化决策:又称非常规决策,一般指涉及面广、偶然性大、不定因素多、无先例可循、无既定程序可依的决策。

3) 按决策条件的确定性划分:可分为确定型决策、不确定型决策以及风险型决策。

4) 根据决策的主体不同划分:可分为个人决策与团体决策。

7.4.2　决策分析的概念、分类和基本原则

决策分析简称决策。决策就是决定一个对策,是人类的一种有目的的思维活动,决策存在于人类的一切实践活动中,存在于人类历史的全过程中。自古以来,人类就以自身特有的决策能力,改变着其与自然及社会的关系,以求得生存与发展。在我国及世界上许多国家的历史上,涌现出了许多杰出的政治家、思想家、军事家等,他们有着许多著名的决策范例,也

留下了许多涉及决策思想的著作。如孙膑献计于田忌赢得与齐王的赛马、诸葛亮借东风打败曹操而至三分天下等决策事例,至今仍为人们传颂。而《孙子兵法》《资治通鉴》《史记》以及古希腊许多哲学家的著作则记载了人类在政治、经济、军事等领域的各种决策活动,其决策思想和决策方法至今对人们仍有一定的启发意义和指导意义。但由于早期人类社会活动的范围比较狭小,生产力水平低下,因而决策的影响在深度和广度上都有限。人们主要凭借日积月累的经验、智慧和个人才能进行决策,缺乏科学理论方法的指导,因而这种传统意义上的经验决策已很难适应现代化社会大生产和现代科学技术的飞速发展。

决策科学化是在20世纪初开始形成的,特别是第二次世界大战以后,决策研究在吸收了行为科学、系统理论、运筹学、计算机科学等多门学科成果的基础上,结合决策实践,到20世纪60年代形成了一门专门研究和探索人们做出正确决策规律的科学——决策学。其中较为突出的就是20世纪60年代美国著名的经济与管理学家西蒙(H. A. Simon)提出的现代决策理论,他指出"管理就是决策",突出了决策在现代管理中占有的核心地位。决策学研究决策的范畴、概念、结构、决策原则、决策程序、决策方法、决策组织等,并探索这些理论与方法的应用规律。随着决策理论与方法研究的深入与发展,决策渗透到社会经济、生活各个领域,尤其是应用到企业经营活动中从而出现了经营管理决策。

在现代管理科学中,对决策的理解基本可以归纳为3种:一是把决策看作从几种备选的行动方案中抉择最终方案,是决策者的拍板定案,这是狭义的理解;二是认为决策是对不确定条件下发生的偶发事件所做的处理决定,这类事件既无先例,又没有可遵循的规律,做出选择要冒一定的风险,也就是说,只有冒一定风险的选择才是决策,这是对决策概念最狭义的理解;三是把决策看成是一个包括提出问题、确立目标、设计和选择方案的过程,即人们为了实现某一特定目标,在占有一定信息和经验的基础上,根据主客观条件的可能性,提出各种可行方案,采用一定的科学方法和手段,进行比较、分析和评价,按照决策准则,从中筛选出最满意的方案,并根据方案的反馈情况对方案进行修正控制,直至目标实现的整个系统过程,这是广义的理解。

1) 决策分析的基本要素

(1) 决策者。决策者即决策主体,可以是个体,也可以是群体。决策者受社会、政治、经济、文化、心理等因素的影响。

(2) 决策目标。指决策者对于决策问题所希望达到的目标,可以是单个目标,也可以是多个目标。

（3）行动方案。指实现决策目标所采取的具体措施和手段。行动方案有明确方案和不明确方案两种。前者指有限个明确的方案，后者一般只是对产生方案可能的约束条件加以描述而方案本身可能是无限个，要找出合理或最优的方案可借助运筹学的线性规划等方法。

（4）自然状态。指决策者无法控制但可以预见的决策环境客观存在的各种状态。自然状态可能是确定的，也可能是不确定的，其中不确定的又分为离散的和连续的两种情况。

（5）决策结果。指各种决策方案在不同的自然状态下所出现的结果。

（6）决策准则。指评价方案是否达到决策目标的价值标准，也是选择方案的依据。一般来说，决策准则依赖于决策者的价值取向或偏好。

2）决策分析的分类

决策的广泛应用及人类活动的复杂多样性，使得决策的种类非常多。为了便于研究和掌握决策的特点和规律性，以有助于人们正确地选择决策方法，做到决策的科学化，就应当从不同的角度对决策进行分类。

（1）按决策的影响范围和重要程度不同，分为战略决策和战术决策

战略决策是指对企业发展方向和发展愿景做出的决策，是关系到企业发展的全局性、长远性、方向性的重大决策。如对企业的经营方向、经营方针、新产品开发等的决策。战略决策由企业最高层领导做出。它具有影响时间长、涉及范围广、作用程度深的特点，是战术决策的依据和中心目标。它的正确与否，直接决定企业的兴衰成败，决定企业发展前景。

战术决策是指企业为保证战略决策的实现而对局部的经营管理业务工作做出的决策。如企业原材料和机器设备的采购，生产、销售的管理，商品的进货来源，人员调配等属于此类决策。战术决策一般由企业中层管理人员做出。战术决策要为战略决策服务。

（2）按决策的主体不同，分为个人决策和集体决策

个人决策是由企业领导者凭借个人的智慧、经验及所掌握的信息进行的决策。个人决策特点是决策速度快、效率高，适用于常规事务及紧迫性问题的决策。个人决策的最大缺点是带有主观性和片面性，因此，对全局重大问题不宜采用。

集体决策是指会议机构决策和上下结合决策。会议机构决策是通过董事会、经理扩大会、职工代表大会等机构集体成员共同做出的决策。上下结合决策则是领导机构与下属相关机构结合、领导与群众相结合形成的决策。集体决策的优点是能充分发挥集团智慧，集思

广益,决策慎重,从而保证决策的正确性、有效性;缺点是决策过程较复杂,耗费时间较长。它适宜于制定长远规划和全局性的决策。

(3) 按决策问题是否重复,分为程序化决策和非程序化决策

程序化决策是指决策的问题是经常出现的问题,已经有了处理的经验、程序、规则,可以按常规办法来解决。故程序化决策也称为"常规决策"。

非程序化决策是指决策的问题是不常出现的,没有固定的模式、经验去解决,要靠决策者做出新的判断来解决。非程序化决策也叫非常规决策。

(4) 按决策问题所处条件不同,分为确定型决策、风险型决策和不确定型决策。

确定型决策指决策过程中,提出的各备选方案在确知的客观条件下,每个方案只有一种结果,比较其结果优劣做出最优选择的决策。确定型决策是一种肯定状态下的决策。决策者对决策问题的条件、性质、后果都有充分了解,各个备选方案只能有一种结果。这类决策的关键在于选择肯定状态下的最佳方案。

在决策过程中提出多个备选方案,每个方案都有几种不同结果,其发生的概率也可测算,在这种条件下的决策,带有一定的风险性,称为风险型决策。风险型决策之所以存在,是因为影响预测目标的各种市场因素是复杂多变的,因而每个方案的执行结果都带有很大的随机性。决策中,不论选择哪种方案,都存在一定的风险性。

在决策过程中提出各个备选方案,每个方案有几种不同的结果,但每一结果发生的概率无法知道。在这种条件下,决策就是不确定型决策。它与风险型决策的区别在于:在风险型决策中,每个方案产生的几种可能结果及其发生概率都知道,不确定型决策只知道每个方案产生的几种可能结果,但发生的概率并不知道。这类决策是由于人们对市场需求的几种可能客观状态出现的随机性规律认识不足,因而增大了决策的不确定性程度。

(5) 按决策的动态性,分为静态决策和动态决策

静态决策亦称为单阶段决策,是某个时期或某个阶段的决策问题。动态决策亦称为序贯决策或多阶段决策,是针对不同时期不同阶段的决策问题,是指一系列在时间上有先后顺序的决策,这些决策相互关联,前一项决策直接影响后一项决策。

(6) 按目标决策所要求达到的目标的数量,分为单目标决策和多目标决策

单目标决策是指所欲达到的目标只有一个的决策。这种决策目标单一,制定和实施较为容易,但多数带有片面性。多目标决策是指欲达到的目标是多个的决策。一般来说,这些

目标之间具有相互联系与相互制约的关系,需要决策者全面考虑各个目标之间的综合平衡,以求做出总体最优决策。实际上,多目标比单目标决策更具有实用价值,单目标决策向多目标决策决策发展是决策发展的趋势。

(7) 按决策问题的量化程度,分为定性决策和定量决策

定性决策是指决策问题的诸因素不能用确切的数量表示,只能进行定性分析的决策。定量决策是指决策问题能量化成数学模型并可进行定量分析的决策。一般的决策分析都介于两者之间,即定性中有定量,定量中有定性,两者在决策分析中所占的比重会随着决策问题量化程度的不同而不同。

一般来说,不论哪种决策,最终都归结为对各种行动方案的选择。单目标、单阶段、确定型决策情况比较简单,每一个行动方案仅有一个确定的结果,可以用结果值的优劣来判断,建立决策模型进行评价分析。多目标、多阶段、风险型决策情况复杂得多,每一个行动方案涉及的自然状态不确定,条件结果值有若干个,建立最佳行动方案的决策模型比较困难,必须建立专门的理论和方法,这就是决策分析所需要研究和解决的问题。

3) 决策分析的基本原则

决策者要进行正确的决策,除了其自身具有的经验、智慧和才能外,还必须掌握决策分析的理论方法,遵循正确的决策原则并根据问题的性质应用合理的决策程序。科学决策必须遵循的基本原则如下。

(1) 信息充分原则

准确、完备的信息是决策基础。决策信息包括决策问题全部构成要素的数据、结构、环境以及内在规律性。有价值的信息必须具有准确性、时效性和全面性。为决策收集的信息必须准确全面地反映决策对象的内在规律与外部联系。科学的决策需要大量的信息,决策者必须具备收集处理信息以及挑选重要信息的能力,并对决策环境保持高度的警惕性和敏感性,以及时地掌握充足而可靠的信息,为正确决策提供有力的保障。

(2) 系统原则

许多决策问题都是一个复杂的系统工程,因此需要把决策对象看作是一个系统,以系统的观点来分析它的内部结构、运行机理及其与外部环境的联系。坚持局部效果服从整体效果、当前利益与长远利益相结合,谋求决策目标与内部条件及外部环境之间的动态平衡,使决策从整体上最优或令人满意。就决策系统内部而言,决策主体必须紧密配合、协调决策对

象内部各个因素之间的关系及各决策环节的关系,统筹规划,以满足系统优化为目标,强调系统的完整与平衡。就决策系统与外部环境的关系而言,决策主体必须使自己的决策目标与其从属的更大的系统的要求、目标或规划相适应,以达到两者相互促进、共同发展的动态平衡。

（3）科学原则

决策应采用科学的理论、科学的决策方法和先进的决策手段。决策问题的日益复杂化使我们仅凭自己的经验、直觉和智慧做决策变得越来越困难。通过决策科学,我们可以掌握各种决策的一般原理、方法及基本规律以达到提高决策质量的目的。必须善于运用各学科的知识,尤其是运用运筹学、计算技术、概率统计等方面的知识做出定量决策,并善于采用来自数学与自然科学的技术与方法选择方案,如模拟、最优化、决策论、博弈论等,以提高决策的科学性。

（4）可行原则

决策方案在现有主客观条件下必须是切实可行的,这样实施方案才能达到预期的效果。决策是可行的必须有客观条件保证,而不是单凭主观愿望。为此,决策应充分考虑到人才、资金、设备、原料、技术等方面的限制。决策方案在技术、经济、社会等方面均应是可行的,这样的决策才具有现实意义。

（5）反馈原则

由于影响决策的诸因素是复杂多变的,而决策时又往往难以预料到一切可能的变化情况,因此,在决策实施的过程中难免会出现一些意想不到的问题。为了不断地完善决策,始终保持决策目标的动态平衡,并最终真正地解决决策问题,达到决策目标,就必须根据决策执行过程中反馈回来的信息对决策进行补充、修改和调整,必要时做出各种应变对策。如果不进行反馈控制,决策者就无法了解到执行过程中所遇到的各种难以预料的困难,不知道决策的实施结果与预先的要求已经发生了较大的偏差,那么再好的决策也无法获得预期效果。

7.4.3 决策分析的步骤

决策分析是一个动态系统的反馈过程,决策过程一般随着决策问题的性质、决策目标以及决策者偏好的不同而不同。科学的决策步骤又称为决策程序,它反映了决策分析过程的客观规律,使决策过程更结构化、系统化和合理化,为进行科学决策提供了重要保证。科学的决策构成必须包括以下 5 个步骤：① 形成决策问题；② 确定决策目标；③ 拟订方案；
④ 选择方案；⑤ 实施反馈。

1）形成决策问题

问题的存在是决策分析的前提，决策分析都是为了解决待定的问题而进行的。通常情况下，形成决策问题有以下两种途径：一是在被动情况下出现的问题，这是一种人们事先没有预料到而客观事物本身发展暴露出的迫使人们加以承认的问题；二是人们对现实状态主动检查进而发现的与期望状态之间存在的差距。发现问题后，应准确而具体地界定问题的性质，问题出现的时间、地点以及问题的范围与程度。准确地界定问题是分析问题的有效工具，它可以避免漫无边际地对所有资料或情况的盲目寻求，而是把与问题有关的重要资料组织起来，显露出问题原因的线索，并且提供一项对任何可能的原因进行检验的标准。但是，界定问题的诸方面只是为分析问题的原因提供线索，并不能从根本上解决问题。为了从根本上解决问题，还必须根据已经界定的问题，设定问题的可能原因，并根据实际掌握的或进一步收集的实际资料对假设的可能原因进行验证，以便查清问题的真相，抓住问题的本质去解决问题。

2）确定决策目标

决策目标是在一定的环境和条件下，决策系统所期望达到的结果，是决策分析过程中拟定方案、评价方案和选择方案的基准。首先，只有先明确了目标，方案的拟定才有了依据。其次，目标决定着方案的选择。方案的评价标准，主要是看能否达到目标。被选择的方案往往是能最大限度地实现目标的方案，方案被证实或证伪也是以目标是否得以实现为依据的。可见，目标贯穿于决策过程的各个环节，在决策分析中具有至关重要的作用。因此，目标的重要性决定了确定目标是决策过程的重要阶段。要正确地确定目标，通常应注意以下几点：

（1）目标的针对性。目标的针对性要求把握决策系统的本质属性和内在规律，针对决策问题的关键和要害提出目标。

（2）目标的准确性。目标设计要抓住关键和分清主次，目标表述要具体、准确，符合各专业领域中的科学技术规范，数量指标要与现行统计口径一致。

（3）目标的约束性。确定目标时，必须同时规定它的约束条件，如各类资源条件，时间限制，制度、法律、政策的限制性规定等。约束条件说明得越清楚，决策的有效性和实现目标的可能性越大。只有在满足约束条件的情况下达到目标的决策才算是真正成功的决策。

3）拟订方案

拟订方案是实现目标、解决问题的方法和途径。① 决策者应在客观环境及自身条件的允许下，根据决策目标及搜集整理的相关信息，尽可能地拟定出多个可行的备选方案，这样可以降低决策的成本，减少决策的时间，提高决策的效率；② 要勇于创新，大胆探索，充分利用智囊系统及群众的力量，集思广益，善于倾听不同的意见，大胆地提出和采纳解决问题的新思路、新见解、新方法，拟定尽可能多的备选方案，增加选择最有价值的方案的可能性。

拟订方案的过程大致可以分为以下几个步骤：① 寻找方案，在这个阶段应大胆创新，通过创造性的思考和丰富的想象力去探索解决问题的各种可能的方法和途径；② 设计方案，对寻找的方案进一步加工，填充实施细节，以形成具有实际价值的具体方案；③ 估测方案的结果，即预料各种方案在各种可能的自然状态下所产生的结果。

4）选择方案

选择方案是决策分析过程中最为关键的一个步骤。选择方案就是指根据决策目标和评价标准，对多个备选方案进行比较、分析和评价，得出备选方案的优劣顺序，从中选出几个较为满意的方案供最后抉择。方案的选择在很大程度上取决于决策者自身的素质，如知识、心理、偏好等。对于同样的决策问题，不同的决策者会因其自身能力及风险偏好的不同倾向而选择不同的决策方案，不同方案的执行结果可能有天壤之别。因此，这一阶段要求决策者具备敏锐的洞察力、良好的分析判断能力，以确保方案最后选择成功。

5）实施反馈

方案选定后，决策分析过程还未结束，因为客观事物的发展变化特性及人对客观事物认识的局限性决定了理论与实践总是存在差距，理论的可行与否最终要经受实践的检验，决策方案也是如此。要保证方案最终可行，必须要将方案付诸实践，在实践中检验方案的真伪。在实施方案的过程中，要对方案的实施进行追踪控制，针对方案实施过程中出现的新情况、新问题以及确定决策目标、拟定决策方案时未曾考虑到的因素，对决策方案进行反馈修正。如果主客观条件发生了重大变化，必须对决策目标和方案做出根本性修正时，就要进行追踪决策。对方案进行追踪控制并适时修正的目的是为了使决策分析过程接近实际，提高决策分析结果的科学性，增强决策方案的实用价值，以更好地指导人们的行动，避免错误决策造成不必要的混乱和经济上的重大损失。

6）追踪决策

追踪决策是决策者在初始决策的基础上对已从事的活动的方向、目标、方针及方案的重新调整。追踪决策不同于决策在执行过程中的补充及修正。后者是在决策执行过程中，由于决策本身的特点和决策环境的变化，决策者必须对决策执行情况不断检查，并根据反馈信息，找出偏差，实施相应的控制，不断修正完善决策。它尚不需要对决策计划或方案做较大改变。而追踪决策实质上是对原来绵连的问题重新进行一次决策。由于主客观情况已经发生了变化，因此它并非正常决策的简单重复，也不是对原决策的根本否定，而是根据对原决策过程的再次分析，将原决策中的错误转向正确的一种决策，是对原决策的"扬弃"。如果在原决策执行过程中已经发现了错误，领导者却拒绝进行任何修改，依旧一意孤行地执行下去，必然会危及决策目标的实现，导致原决策彻底失败。因此，追踪决策对于任何决策来说都是相当重要的环节。做好追踪决策要注意以下 4 个基本特征：回溯分析、非零起点、双重优化、心理效应。

（1）回溯分析。是指对原决策的产生机制、内容、环境进行客观、冷静的思索，分析产生失误的原因、性质及程度，从而为制定有效的对策提供依据。回溯分析必须以充分的事实为依据，应注重原有决策事实，而不是去追究原有决策的个人责任。当然，回溯分析本身也包含寻找原有计划中的合理因素，为制定新的决策计划提供参考和依据。

（2）非零起点。是指追踪决策是在原决策实施的过程中发生的。由于原有决策的实施对人、财、物的消耗，实施结果对决策条件及决策环境的影响和客观环境本身在不断地发展变化，使得追踪决策产生的时点已不再是原有决策产生的那个时点了。因此，追踪决策时应充分注意各种变化对决策过程的影响。

（3）双重优化。追踪决策不是对原决策的简单改变或重复，而是对原决策的"扬弃"，只有比原决策更加完善和圆满，才能体现其意义所在。也意味着要在多个替代方案中比较选优，必须是新的备选方案中的优化方案。在主客观情况发生了变化的情形下，在诸多新的方案中，选择出一个最优方案，从而获取最佳效益。有时候，追踪决策只能从小损或大损中选择，尽可能获得更多的收益。

（4）心理效应。由于追踪决策要改变原决策，因而势必直接或间接地引起与原决策有关的人员的心理反应，给追踪决策的实施带来种种不利的因素。改变原决策会引发相关人员的复杂感情，容易失去公正的客观尺度。有些原决策者因害怕承担责任，竭力为原决策辩护,或掩盖真相,甚至直接阻挠追踪决策的进行;原决策的反对者也可能因此否定一切,甚至连原决策中的合理因素也摒弃,走向另一极端;还有一些旁观者,则可能幸灾乐祸,推波助澜。另一方面,因为原决策已经执行,则必然使决策对象的内部和外部人员处在既有利害关系之中,从内部而言,参加原决策执行的人员,不仅不可避免地对自己的劳动成果充满感情,而且会有命运相系的心理,在重新决策时容易发生不安的骚动,这一切会反过来影响追踪决策的顺利进行。就外部而言,任何决策都是一个系统,与外界有各种各样的联系,因此,还会引起一系列连锁的心理反应。所以在追踪决策完成之前,对外必须严格保密,在实施的过程中再逐渐解密。

7.5 决策失误的成因与对策

决策,特别是重大决策是一个十分复杂的系统工程。涉及的因素很多。因此,引起决策失误的原因也是多方面的。但从现代决策过程来看,主要有以下几个方面的原因引起。

7.5.1 无决策程序引起的决策失误

当一项决策来临时,决策者对面临的决策问题不知从何开始,不知按什么程序进行,只凭个人胆识、经验和直觉就拍板定案,做出决策,必然会引起重大的决策失误。在我国的一些决策中,领导干部或决策者拍拍脑袋,或以个别领导的"偏好""指示""讲话"或"圈定"代替决策过程而引起决策失误的现象并不少见。这足以说明,决策必须要有一定的科学程序,无程序的决策必将会引起决策的失误。

7.5.2 违背决策程序引起的决策失误

有了决策程序,不遵守决策程序或违背决策程序同样会引起决策失误。现实决策的历史多次证明,程序上的混乱和错误,其背后往往隐藏着实质性的错误,而导致决策失误。如过去在基本建设中实行的边设计、边施工、边生产的"三边"政策,这是违背决策程序的。由于决策程序上的错误,导致这样一批兴建起来的工程项目在建设过程中不得不停下来重新设计,或者在建成以后,根本发挥不了作用,远远没有达到决策目标的要求,而导致整个决策的失误。

7.5.3　决策环节上的问题引起的决策失误

一般来说，一项决策活动要经历 4 个主要环节，即确定决策目标，认清决策可能产生的各种后果及影响，客观评价决策方案，决策方案的选择。可以说，按照决策程序依次正确地完成 4 个环节，才能保证整个决策的顺利正确完成。而任何一个环节出现问题，都会影响到整个决策的正确完成，导致决策失误。

1) 方向错误——目标设置

决策目标是科学决策的第一步，只有当目标确定后，后续的决策活动才能围绕这一根本进行。如果目标设置不合理或者目标含混不清，就会导致决策方向性的错误，即使所有后续环节都正确完成，决策也不可避免地要出现失误。形成这种决策失误的原因具体表现在：一是决策中各目标定得太高或太低，与客观实际或客观条件所能达到的能力相差悬殊；二是有多个决策目标时，常出现强调某一个或某些方面的目标，忽视甚至漏掉另一方面目标，如在某些企业的管理决策中，强调经济效益和近期目标，忽视社会效益和长远目标，从而导致决策失误；三是在多目标决策中，不明确哪些是主要目标，哪些是次要目标，当决策目标发生冲突时，不能抓住主要矛盾，捡了芝麻，丢了西瓜，得不偿失，决策失误；四是目标定得太笼统、抽象，缺乏定量化，这种口号式的目标既没有将目标具体化，又没有将目标分解落实，因此，目标难以实施和检查，预期目标成为一句空话，决策目的不能达到；五是由于许多决策目标的实现有一定的环境要求和约束条件，忘了规定决策目标的附加条件而制定的目标，就难以实现。

2) 认识错误——后果预断

决策过程的第二步就是围绕目标广泛地收集信息，并根据统计资料对决策可能产生的各种后果进行预测和推断。在此环节中，导致决策失误的原因主要有：一是由于客观和主观因素，决策需要的信息匮乏，信息被堵塞或被封锁，决策资料无处可寻，使决策者如同聋哑，他们只凭经验、直觉对决策的后果进行判断，由于判断失误而导致决策失误；二是由于信息传递缓慢，不能及时掌握情况的变化而失误；三是信息来源单一，真伪无法核对，偏听偏信造成决策失误；四是对浩如烟海的信息，缺乏科学的处理，难以判断而匆忙决策引起失误；五是决策者不仅要掌握历史和现状的信息，更重要的是预测未来，因为决策总是在今后执行，如果对未来发展变化的趋势预测不准，甚至错误，必然引起决策失误；六是许多决策本身存在着不确定的和难以预测的因素,风险很高,因此,高风险的存在,决策失误就在所难免。

3) 价值观错误——方案评价

实现决策目标最终要通过一定的决策方案达到,决策方案的评价是决策拍板定音的前一步。在这个阶段中,主要包括决策方案设计、可行性分析和方案评价等工作。因而引起决策失误的原因:一是决策方案没有全面地进行可行性论证,或者论证不清,方案的利弊、优劣没有进行系统分析与综合评价而引起决策失误;二是方案设计和评价过分追求理论上的完美,但缺乏实际的可操作性,若付诸实施,必然引起失误;三是方案评价中带有强烈的个人主观愿望和个人的偏好,或者受上级、领导和权威的影响而使评价偏离客观实际,导致决策失误;四是评价原则、标准、方法、指标不当而造成决策失误。

4) 选择错误——方案选择

决策的最后一个环节就是对各种备择方案进行选择,选择一个最好的方案作为最终决策结果。这一步出现的失误:一是在决策中,决策的方法非常多,而每种方法又不是万能的,都有它本身的适应范围与附加条件,如果在具体决策中,不加任何条件地一味追求某种决策方法,必然会引起决策失误;二是当决策方案中存在着强烈的利害冲突,决策者又过分看重某一目标或某一方案的利弊得失,由偏爱而引起决策失误;三是在实际决策中,最优和最理想的方案往往不存在,决策者过分追求最优,从而出现顾此失彼、得不偿失的情况而引起决策失误。

7.5.4 减少决策失误的对策

1) 决策程序

按照科学的决策理论,要想在决策中避免重大的失误,首先必须遵循一定的决策程序,虽然对不同的具体决策问题,所采取的具体方法、步骤可以有所差异,但从根本上讲,任何决策的制定都应依照科学的决策理论,都应该有一定的决策程序。决策程序的重要性在于,它虽不直接涉及实质,却能为实质问题的解决提供必须遵循的程序与思路,从而保证决策的正确性,所以制定科学的决策程序,明确规定决策活动所必须遵循的手续和程序,并将此规范化、制度化和法制化,是保证决策过程正确的必要条件。

2) 反馈和监督系统

建立完善决策信息反馈系统和决策监督检查系统,通过畅通、灵敏的信息反馈系统,随时将决策中出现的问题反馈给决策者及决策参与者,以便及时地进行控制、调整,使决策不断完善。与此同时,决策监督检查系统也要对决策进行跟踪监督,检查决策的程序是否正确、合法;决策是否按程序进行;决策者行为是否规范;决策进行的各个环节是否正确、清楚;决策目标是否达到等,以保证决策的正确性。

3)加强研究

要加强对决策科学的研究,一定要克服目前决策研究中重视决策方法、轻视决策过程,以及重视方案选择、轻视决策拍板的前期研究的现象。因为任何一个环节的失误,都会导致整个决策失误,失误的环节越靠前,其决策后果就越严重。

4)试验验证

对于重大决策,要坚持试验实证,以避免决策失误。一种是实证式试验,目的是验证决策的正误,通过试验发现问题,避免普遍推广时造成全局性的重大损失。我国的许多重大经济体制改革的决策就是通过试验后取得成功的。另一种是探索性试验,即采取模拟、仿真、模型等手段不断变换试验方案,寻找最优或最满意的决策。

5)总结失误

应对决策失误进行总结性研究,将现实决策中不同时期、不同类型的决策失误原因进行统计分析,特别是不确定决策与高风险决策统计分析,以找出产生决策失误原因的某种统计特性,以便对症下药,重点突破。

8 结论与讨论

8.1 主要结论

本书坚持理论与实践相结合的基本原则,按照城市科学学科和决策学学科两条脉络阐述本书研究起点时的理论形势和可用文献资源。梳理城市研究的多元视角和现代决策科学的研究进展,分析存在的主要问题。提出本书研究的理论基础,即以人居环境科学理论为代表的城市科学理论和现代决策科学理论框架。与此同时,采取历史观察和全面立体的视角,透过现象看本质,试图理解、描述、解释新中国成立以来至今中国城市建设与发展的客观事实,努力摸索其发展本质、内在联系和客观规律,认真概括、梳理、总结中国城市建设和发展实践中的决策特点和科学知识体系,提炼构建崭新的理论框架,形成以决策对象(需求与目标)、决策主体(组织与结构)、决策方法(工具与应用)、决策机制(程序与行为)为主要框架的城市决策科学体系。进而在决策科学体系和理论框架的指导下,预测中国城市的未来发展趋势和前进方向,尝试提出有利于中国城市稳定、健康、可持续发展的决策建议和实用工具。主要结论如下:

(1)中国城市发展和特色城镇化概貌。新中国成立以来,我国城镇化进程大致可分为 4个阶段。第一阶段为 1949—1957 年的工业化起步时期。第二阶段为 1958—1965 年大跃进及国民经济调整时期,城镇化大起大落。第三阶段为 1966—1977 年"文革"时期,是城镇化发展倒退时期,城镇化进程停滞不前。第四阶段为 1978 年改革开放后,城镇化进入正常发展轨道。城镇化演进特征为:一是起点较低、波动起伏、速度逐渐加快;二是城镇化动力机制由二元模式向多元主体推动转变;三是农村劳动力持续向城镇大规模流动;四是城镇化发展呈现区域非均衡状态;五是城市群成为城镇化的主体形态。改革开放以来,随着动力成分和

142

动力结构的变化,城市化动力机制和模式也出现了多样化的趋势。主要有计划机制、市场机制、外向机制3种。在城市发展内在机制的作用下,我国城镇化呈现以下发展趋势:一是城镇化仍将保持较高的增长速度;二是城镇化发展由注重数量、速度向注重内涵、质量转变;三是城镇化区域差异将长期存在;四是面临较为严峻的资源和环境约束。

(2)城市决策的对象、需求与目标。作为决策的对象,城市既是文明发展的容器,承载者,也是文明物质化的外在表现形式,相当于一个社会或整个社会的大部分。本书所称的城镇按照对《城市规划基本术语标准》(GB/T 50280—98)进行全面修订的《城乡规划基本术语标准》(征求意见稿)定义,泛指市政府管辖的行政区域,即城市全部区域。与国外大多数城市相比,中国的城市发展在实质内容和管理体制上有自身独特的特点。一是中国的城市是中央集权管理体制下的行政分支的中心,是地域行政管理中心。二是中国的城市有行政等级之分,按照不同等级划分城市类型。三是中国城市通过户籍管理制度等管理人口的自由进入或定居。四是中国的城市通过行政地域划分管理农村。这些特点直接影响中国城市发展的速度和模式,也直接影响决策体制。当前中国城市发展面临的重要挑战包括3个方面:一是全球化的挑战,主要表现在制造业向服务业的转变;二是城市可持续性的挑战;三是需求增长的挑战。以上挑战成为城市决策体制必须面对和回答的重要内容。

城镇化是人口从农村向城镇迁徙的过程。与国际比较,中国城镇化的特点突出:一是制度背景不同;二是发展路径不同;三是发展阶段不同;四是规模的差距;五是积累的矛盾不同,中国体制特点造成的人口城镇化质量不高和粗放型发展的模式,影响到未来城镇化的可持续发展。我国城镇化快速发展过程中存在一些必须高度重视并着力解决的突出矛盾和问题。一是大量农业转移人口难以融入城市社会,市民化进程滞后。二是"土地城镇化"快于人口城镇化,建设用地粗放低效。三是城镇空间分布和规模结构不合理,与资源环境承载能力不匹配。四是城市管理服务水平不高,"城市病"问题日益突出。五是自然历史文化遗产保护不力,城乡建设缺乏特色。六是体制机制不健全,阻碍了城镇化健康发展。剖析其主要原因,是从新中国成立初期开始形成的决策的城市倾向,不仅导致城乡差距不断扩大,也深刻影响着我国的决策机制。

本书按照可持续发展(Sustainable Development)的原则和要求,分析了我国城镇化可持续发展的宏观背景。① 人口将是中国发展的长久负担;② 通过发展经济提高城乡生活水平在未来一段时期内仍将是我国发展的必然趋势。③ 资源与环境承载力是城镇化的关键性制约因素。从发展趋势看,技术进步,提高资源利用效率,节约能源,推进循环经济,加强环境污染治理和生态保护,是实施可持续发展战略的重要保障。建设资源节约型、环境友好型社会,建设社会主义生态文明是实现我国可持续发展的核心。本书通过资源枯竭城市转型的案例进行了实证分析。

本书分析了国内外城市发展趋势,提出了我国城镇化的发展背景和发展态势。我国城镇化是在人口多、资源相对短缺、生态环境比较脆弱、城乡区域发展不平衡的背景下推进的。我国仍处于城镇化率30%～70%的快速发展区间,但城镇化转型发展面临的外部挑战日益严峻,内在要求更加紧迫,基础条件日趋成熟,这决定了我国必须从社会主义初级阶段这个最大实际出发,遵循城镇化发展规律,走中国特色新型城镇化道路。本书总结分析了城镇化和经济发展的模式,推荐选择通向生态文明和其他文明和谐发展路径的模式。

(3) 城市决策的主体、结构与组织。中国的决策体制在新中国成立初期建立,在中央层次上主要由"党""政""军""法""民"5个行为主体构成。5个行为主体之间形成"一个核心"和"四种关系"。这个决策体制有两个基本特征:一是中国共产党在国家决策体制中居于领导地位;二是中国共产党在决策体制中的领导地位长期不变。

决策结构指参与决策的行为主体(包括个人、组织、机构)之间相互关系的组成方式。决策结构反映决策权力在不同决策行为主体之间的静态的分配关系。决策结构既决定决策方式的安排和决策机制的设计,也从根本上影响公共权力运行的整体功能。改革决策权力高度集中的决策结构,是实现决策民主化和科学化的客观要求。经过多年的改革实践,我国已初步形成一元主导、多元参与的决策结构。① 在保持共产党在决策结构中领导地位的前提下,注重决策权力的横向划分,按照执政党与国家政权机关的不同职能,对公共权力进行合理分工并使之法律化、制度化,使过去"党政不分""以党代政"及党包揽一切的状况得到了明显改变。② 改变了过去决策权力集中于个人手中的现象,健全了从中央到地方党的集体决策制度。③ 改变过去领导干部实际上的终身制,建立了严格的领导干部任期制度和退职、退休制度。④ 完善共产党与各民主党派的政治协商制度,扩大民主党派参与重大决策的权力。⑤ 建立相对独立的决策咨询机构,完善决策结构科学化功能。⑥ 大众传播媒体成为决策结构的重要组成部分。

改革开放后我国经过历次决策体制改革,以促进决策民主化、科学化和法治化为目标导向,着力推进决策体制从个人决策向民主决策转变,从经验决策向科学决策转变,从决策组织高度集中向决策组织结构分化转变，从封闭式决策向开放式决策转变，从被动参与决策向自主参与决策转变，从决策非制度化向决策制度化的转变，逐步形成以中国共产党为主导、多方参与、科学论证、过程开放、依法运行的决策模式。实践证明，我国的决策体制逐渐呈现集中化的趋势，决策体制改革较为成功地应对了经济社会迅猛发展和巨大变化带来的各种挑战。同时也存在决策结构专业化分工程度不高、决策方式偏重经验决策、制度化程度偏低、决策过程相对封闭和缺乏自我修正与调节机制等弊端。

我国地域广阔，民族众多，出于政治统治的需要，中央和地方分权是决策结构和组织的重要内容。在毛泽东著名的《论十大关系》中，第一次从政治制度结构的层面讨论了中央和地方分权的问题，提倡"同地方商量办事"作风，把当时的经济问题分为主要靠中央管和主要靠地方管两类，强调限于"我们的经验还不多，还不成熟"，因此是目前的做法。历史发展证明毛泽东的这一思路是成功的，既保持了国家的统一，政权的和平转移，各地经济逐渐形成整体，地域观念和地域经济的独立性大大削弱；又大大增强了地方的自主性和积极性。尽管近20多年来中央和地方分权不时有"收"有"放"，具体措施为相辅相成的政治授权和经济手段。

对于当代中国的中央与地方之间的关系，海内外学者主要概括提出4种主要理论，分别是单一制模式、碎片化权威理论、事实联邦理论和委托—代理模式。由于中央与地方关系的复杂性，造成学术界很难在短期内提出普遍认可的概括模式。从发展变化的角度研究当代中国的中央与地方的关系，现有的概括模式不能满足理论需要和实践指导。但委托—代理理论克服纵向理解政府间关系的缺点，足够重视地方政府的自主性与能动性，与传统的国家结构理论相比，委托—代理理论判断中央与地方的行为关系更为真实，具有非常强的解释力和说服力，得到广泛应用。

改革开放后，中国地方政府在地区和城市的经济增长中扮演了非常重要的角色，他们寻求一切可能的来源进行投资、推动地方经济的发展。从20世纪80年代开始的地方官员之间围绕GDP增长而进行的"晋升锦标赛"模式是理解政府激励与增长的关键线索之一。作为研究中国决策结构和组织的实证案例，本书也总结分析了晋升锦标赛模式对中国城市建设和发展的重要影响。

（4）城市决策的方法、工具与应用。新中国成立初期，由于战争时代形成的保密习惯，对决策内容缺少科学分类，决策高度意识形态化，我国的决策方式存在决策方法以经验决策为主,决策科学化程度不高,决策方式过于封闭,开放程度不高等问题。改革开放后,随着决策民主化与科学化的改革进程的深入,决策方式也发生了深刻的变革。一是从经验决策为主转向经验决策与科学决策相结合的科学决策,建立民主、科学的决策论证制度,凡是国家重大发展战略、规划的制定、重大工程建设、涉及民生的公共政策的制定都要经过民主的论证程序,需要通过专家的科学论证,形成论证报告后才能提交决策机构讨论决定。在决策过程中采用科学的决策方法。运用科学技术手段和工具参与决策过程,提高决策的精确度。

改革开放以来,中国经历了决策"科学化、民主化、程序化"的建设过程,国家五年计划的编制模式演变按照其决策的特征分为4种类型,共经历了5个阶段。一是"一五"至"二五"前期的内部集体决策模式。二是"二五"后期至"四五"的"一言堂"决策模式。三是"七五"至"九五"的咨询决策模式。四是"十五"至"十二五"的集思广益决策模式。笔者于2009年开始全程参与的《全国城镇生活污水无害化处理和再生利用设施"十二五"建设专项规划》和《全国城镇生活垃圾无害化处理设施"十二五"建设专项规划》编制即属于集思广益决策模式案例。

本章选取3个案例进行实证分析。首先是城市规划决策案例。本书梳理和总结分析了城市规划决策的定义、特征、价值取向和主要决策模式。城市规划决策具有公共选择的特性,是一种行政决策。城市规划的直接决策者是负责城市规划工作的城市政府及其职能部门,决策的对象是整个城市的公共建设事务,决策的结果属于公共政策的范畴,决策过程是一个政治过程。城市规划决策以国家权力为后盾,通过行政方式作用于社会,具有强制力,决策者也要承担相应的政治责任和法律责任。城市规划决策除了一般决策的共性外,具有关联性、多目标性(思维指向的多样性和多思维过程)。城市规划的综合性决定了城市规划不单单是规划师的事情,而且还需要经济师,具有动态性、复杂性、综合性的特点。城市规划决策过程强调公众利益取向。公众利益包括公众秩序的和平与安全、经济秩序的健康安全及效率化、社会资源与机会的合理保存与利用、社会弱者利益(如市场竞争中的消费者利益、劳动者利益等)的保障、公共道德的维护、人类朝文明方向发展的条件(如公共教育的发展)等方面。城市规划不仅是技术行为,也是行政行为,同时还是政治行为、经济行为。规划失误不可避免,原因错综复杂,例如以下几方面。① 法制的不健全。② 决策部门中心化现象,如专家、咨询作用的弱化,群体决策的淡化等。③ 决策部门的多角色现象。政府是城市规划决策的"裁判",又是城市规划决策活动中的"运动员",成为无所不能的"全能运动员"。

如在城市规划决策中既"谋"又"断","谋""断"不分。负面作用主要表现在政策多变,缺乏稳定性。既制定规则又执行规则的体制,难以进行有效监督,容易产生官僚主义现象和腐败问题。④ 决策人面临理想目标和现实利益的矛盾、所处职业和所学专业的矛盾、心理素质和个性特征的矛盾、所扮角色和所处位置的矛盾,以及强制驱动、情感驱动、利益驱动等。在城市规划中应用的主要决策模式包括理性决策模式、渐进主义决策模式、混合扫描决策模式、制度决策模式、团体决策模式和精英决策模式等。

第二个案例分析是笔者全程参与的福建省中心城市框架规划研究,作为区域规划和城市群研究的实践,案例重点研究省域范围内中心城市发展的基本框架,从区域经济的角度提出未来10～15年内,省级政府应考虑的综合交通、城建环保和社会公共服务等重大基础设施建设项目建议。研究目的是从战略上解决各中心城市长远发展的框架问题,从战术上解决近期如何部署综合交通体系和公共服务体系两大支撑体系的基础性设施建设问题。研究成果既要有针对性,又要有可操作性,以引导、统筹、协调区域内各类专项规划和城镇密集区规划、城市群发展规划、各中心城市总体规划的制定和修编。该研究成果已被福建省"十一五"规划纲要和2010年出台的《全国主体功能区规划》等政策文件采纳。

第三个案例是笔者2012年全程参与的"面向2030年的六安市城市发展战略研究项目"。该研究要求在经济全球化和区域经济一体化背景下,深入分析六安市现状、禀赋特点和未来发展要求;分析论证六安市在大的区域经济格局中的区位特点,借鉴国内外类似城市发展的成功模式;同时对六安市城市发展总体情况进行纵向和横向的全面系统研究,分析城市发展面临的各种主要内外部优势、劣势、机会和威胁等,提出相应的城市发展战略和对策。厘清六安市未来一段时期在城市经济、社会、生态、基础设施等全面发展和建设过程中的若干重大关系,从战略层面提出城市发展的理念、思路、定位、内涵、目标(指标体系)、原则、重点和主要任务等一揽子框架方案。研究六安市在转变经济增长方式、优化调整产业结构、构建现代产业体系、优化城市空间布局、改善民生、提高城市发展质量和可持续发展能力、改革开放、自主创新等方面的发展思路,从战略层面提出城市发展的战略重点、主要任务和空间布局建议。在经济增长、产业发展、社会民生、城市建设、生态文明、基础设施、改革开放、自主创新等领域选择重点进行突破。在发展战略指导下,提出重点产业发展设想,重新审视城市空间结构,统筹城乡,优化产业布局,提出重大基础设施建设框架方案。从政策制定、机制与制度创新、加强管理、保障体系等角度,提出切合实际、协调配套、具有可操作性的措施及建议。六安中心城市发展战略为：① 生态立市，以生态文明建设推进城市发展方式根本转变；② 文化兴市，以打造特色城市文化提升六安软实力；③ 旅游旺市，以旅游目的地建设提升城市影响力；④ 科技强市，以产业振兴奠定小康社会坚实基础；⑤ 空间优化，以区划调整和园区布局优化资源配置；⑥ 机制创新，以体制机制创新激发城市发展活力，重点战略任务为产业振兴和空间优化，以及体制机制创新和城市管理方面的重大对策建议。

（5）城市决策的机制、行为与程序。决策机制指相互关联的决策环节、步骤、阶段按照一定的先后次序排列形成的规范、有序的决策流程。国家决策是多种因素相互作用、各种利益关系相互博弈的一种动态过程，决策机制就是为了保障这种动态过程有序化的制度化安排，强调决策权力的动态运行过程。决策方式指决策行为主体行使决策权力的方法和形式。不同的决策方式会影响决策信息的处理效率，营造不同的决策情境，从而最终对政策结果形成影响。新中国成立初期我国的策机制存在制度化程度低，决策程序结构不合理，决策程序缺少刚性约束力，某些决策机制运作低效、功能发挥不正常，决策信息渠道不畅，决策信息系统的沟通功能不足，决策专家咨询系统的实际作用有限，监督系统的功能发挥不力，决策机制不健全，缺乏必要的决策反馈协调机制、决策失误责任追究制度，干部制度实行终身制，决策者没有任期限制，决策体制缺乏自我修正和调节的功能等问题。决策机制建设是决策民主化、科学化的重要内容，也是民主化和科学化的实现形式。改革开放以来，通过不断推进决策体制改革，从政务公开到党务公开，从局部的公开到全流程的动态公开，政务公开逐步法制化，逐步推动中央决策形式从封闭向开放转变。

中国中央政府重大政策的决策模式已由过去的"个人决策""集体决策"转向一种民主化、科学化水平更高的决策模式。文本侧重分析了中国式的共识型决策模式，该模式有着深厚的文化背景和体制特征，通过"开门"与"磨合"机制实现更大的包容性与参与性。中央决策有"请进来"和"走出去"的机制，其中最关键的是"走出去"。"磨合"机制通过将不同政策偏好"集结"起来，通过"下层协商""中层协调""顶层协议"等政治系统的整体协作方式实现有效决策。

本书分析了地方政府在我国基础设施水平得以持续和显著改善中的作用。中国的政治集中模式自 20 世纪 80 年代中期以来与财政分权体制的结合不仅创造了地方政府间的典型的"标尺竞争"，而且推动了政府系统向发展型政府治理模式的转型，这是理解中国近 20 年来基础设施水平得以持续和显著改善的重要线索。

本书梳理总结了决策分析的主要类型、基本概念和主要原则。决策分析的基本要素包括决策者(决策主体)、决策目标、行动方案、自然状态、决策结果和决策准则。按决策的影响范围和重要程度不同,分为战略决策和战术决策;按决策的主体不同,分为个人决策和集体决策;按决策问题是否重复,分为程序化决策和非程序化决策;按决策问题所处条件不同,分为确定型决策、风险型决策和不确定型决策;按决策的动态性,分为静态决策和动态决策;按目标决策所要求达到的目标的数量,分为单目标决策和多目标决策;按决策问题的量化程度,分为定义决策和定量决策。决策分析的基本原则是信息充分原则、系统原则、科学原则、可行原则、反馈原则。科学的决策构成包括形成决策问题、确定决策目标、拟订方案、选择方案和实施反馈5个步骤。做好追踪决策要注意回溯分析、非零起点、双重优化、心理效应4个基本特征。从现代决策过程来看,决策失误的主要原因包括无决策程序、违背决策程序、决策环节上出错的问题,如方向错误——目标设置,认识错误——后果预断,价值观错误——方案评价,选择错误——方案选择等。减少决策失误,应遵循一定的决策程序,并将其规范化、制度化和法制化。建立完善决策信息反馈系统和决策监督检查系统。要加强对决策科学的研究,对于重大决策,坚持试验实证,对决策失误进行总结性研究,以便对症下药,重点突破。

8.2 主要创新点

本书的创新点主要集中在3个方面。第一,以多学科融合的研究方法,坚持理论与我国具体实践相结合的基本原则,在学习掌握现有相关理论的基础上,一切从实际出发,实事求是,对具体情况进行具体分析,采取历史观察和全面立体的视角,以中国城市建设和发展为对象,以现代决策科学为分析工具,透过现象看本质,试图理解、描述、解释新中国成立以来至今中国城市建设与发展的客观事实,努力摸索其发展本质、内在联系和客观规律,认真梳理、总结中国城市和特色城镇化在经济、社会、文化、生态等领域的决策实践特点和决策科学知识体系,创新性提出以城市决策对象(需求与目标)、城市决策主体(组织与结构)、城市决策方法(工具与应用)、城市决策机制(程序与行为)为主要框架的城市决策科学体系。第二,论述了中国城市与其他国家明显不同的发展特征、动力机制、面临挑战及我国决策的城市倾向原因、中国特色城镇化发展目标,重点分析了中央与地方关系、中央与地方分权以及地方官员"晋升锦标赛模式"、"开门"和"磨合"决策机制、"商量办事"的"共识型决策模式"等对城市增长和发展的影响。进而在决策科学体系和理论框架的指导下,预测中国城市的未来发展趋势和前进方向,尝试提出有利于中国城市稳定健康可持续发展的决策建议和实用工具。第三,较为充分的实证研究。笔者因为在职工作的原因,参与了很多城市决策实例,从国家级的"十二五"专项规划,到区域级的中心城市框架研究、资源枯竭城市转型规划编制,到具体城市的发展战略研究及重大项目咨询评估等,积累了较为丰富的实践经验,为本书理论框架的实证研究提供了条件。

8.3　下一步的讨论与展望

本书需要进一步讨论的是:① 选取省级区域和地市级城市进行决策体系框架的实证研究;② 通过实证研究,进一步提炼、完善决策体系框架,充实相关内容;③ 国际比较,选取类似国家,补充理论框架比较研究。

参考文献

中文文献

[1] 布坎南.自由、市场与国家[M].吴良健,等译.北京:北京经济学院出版社,1988.

[2] 戴维·米勒.布莱克维尔政治学百科全书[M].邓正来,译.北京:中国政法大学出版社,2002.

[3] 中共中央文献编辑委员会.邓小平文选(第3卷)[M].北京:人民出版社,1983.

[4] 中国大百科全书出版社,《简明不列颠百科全书》编辑部.简明不列颠百科全书(2)[M].北京:中国大百科全书出版社,1985.

[5] 毛泽东.毛泽东选集(第5卷)[M].北京:民族出版社,1977.

[6] 董鉴泓.中国城市建设史[M].3版.北京:中国建筑工业出版社,2004.

[7] 艾晓金.中央与地方关系的再思考——从国家权力看我国国家结构形式[J].浙江社会科学,2001(01):77-82.

[8] 安东尼·吉登斯.民族—国家与暴力[M].胡宗泽,赵力涛,译.北京:生活·读书·新知三联书店,1998.

[9] 安虎森,陈明.工业化、城市化进程与我国城市化推进的路径选择[J].南开经济研究,2005(01):48-54.

[10] 薄贵利.中央与地方关系研究[M].长春:吉林大学出版社,1991.

[11] 保罗·布莱斯特.宪法决策的过程:案例与材料[M].4版.张千帆,等译.北京:中国政法大学出版社,2002.

[12] 理查德·A.波斯纳.法理学问题[M].苏力,译.北京:中国政法大学出版社,1994.

[13] 理查德·A.波斯纳.联邦法院:挑战与改革[M].邓海平,译.北京:中国政法大学出版社,2002.

[14] 蔡定剑.中国人民代表大会制度[M].北京:法律出版社,1998.

[15] 曹锦清.黄河边的中国[M].上海:上海文艺出版社,2000.

[16] 曹益民.建立健全有中国特色的公共决策咨询机制[J].中国行政管理,2001(01):21-23.

[17] 曾赛丰.中国城市化理论专题研究[M].长沙:湖南人民出版社,2004.

[18] 陈东琪.论政府高效行政与政府体制改革——一个简单的理论思路[J].财贸经济,2000(03):5-12,18.

[19] 陈抗,Arye L.Hillman,顾清扬.财政集权与地方政府行为变化——从援助之手到攫取之手[J].经济学(季刊),2002(04):111-130.

[20] 陈明明.现代化进程中政党的集权结构和领导体制的变迁[J].战略与管理,2000(06):9-21

[21] 陈明星,陆大道,查良松.中国城市化与经济发展水平关系的国际比较[J].地理研究,2009,28(02):464-474.

[22] 陈明星,陆大道,刘慧.中国城市化与经济发展水平关系的省际格局[J].地理学报,2010,65(12):1443-1453.

[23] 陈明星,陆大道,张华.中国城市化水平的综合测度及其动力因子分析[J].地理学报,2009,64(04):387-398.

[24] 陈明星,叶超,付承伟.我国城市化水平研究的回顾与思考[J].城市规划学刊,2007(06):54-59.

[25] 陈彦光,周一星.城市化 Logistic 过程的阶段划分及其空间解释——对 Northam 曲线的修正与发展[J].经济地理,2005(06):817-822.

[26] 崔功豪,马润潮.中国自下而上城市化的发展及其机制[J].地理学报,1999(02):12-21.

[27] 戴柏华.从放权让利到制度创新:中国财税体制改革[M].桂林:广西师范大学出版社,1999.

[28] 丁恒龙.农村城市化与利益机制研究[J].理论学刊,2005(10):94-96.

[29] 丁旭光.近代中国地方自治研究[M].广州:广州出版社,1993.

[30] 董礼胜.欧盟成员国中央与地方关系比较研究[M].北京:中国政法大学出版社,2000.

[31] 杜赞奇.文化、权力与国家:1900—1942 年的华北农村[M].王福明,译.南京:江苏人民出版社,1994.

[32] 樊鹏.中国式共识型决策模式揭秘[N].北京日报,2013-08-26(020).

[33] 范九利,白暴利,潘泉.基础设施资本与经济增长关系的研究文献综述[J].上海经济研究,2004(01):36-43.

[34] 范九利,白暴力.基础设施投资与中国经济增长的地区差异研究[J].人文地理,2004(02):35-38.

[35] 范九利,白暴力.基础设施资本对经济增长的影响——二级三要素 CES 生产函数法估计[J].经济论坛,2004(11):10-13.

[36] 傅勇,张晏.中国式分权与财政支出结构偏向:为增长而竞争的代价[J].管理世界,2007(03):4-12,22.

[37] 谷荣.中国城市化的政府主导因素分析[J].现代城市研究,2006(03):51-55.

[38] "工业化与城市化协调发展研究"课题组.工业化与城市化关系的经济学分析[J].中国社会科学,2002

(02):44-55,206.

[39] 郭亚丽.新时期领导干部决策方式的建构[N].山西党校报,2012-04-15(C03).

[40] 洪承华,郭秀芝.中华人民共和国政治体制沿革大事记[M].北京:春秋出版社,1987.

[41] 胡顺延.中国城市化发展战略[M].北京:中共中央党校出版社,2002.

[42] 华釜婷.决策理论研究方法论的比较——基于西蒙和林德布洛姆决策理论的比较[J].科技信息,2009
(05):126-127.

[43] 华伟.大区体制的历史沿革与中国政治[J].战略与管理,2000(06):26-35.

[44] 黄家亮.通过集团诉讼的环境维权:多重困境与行动逻辑——基于华南P县一起环境诉讼案件的分析
[J].中国乡村研究,2008(00):183-220.

[45] 黄明知,张守凤,江涛.决策理论的发展演变及新动向[J].统计与决策,2003(06):42-43.

[46] 黄相怀.当代中国中央与地方关系模式述评[J].中共中央党校学报,2013,17(01):75-79.

[47] 黄宗智.改革中的国家体制:经济奇迹和社会危机的同一根源[J].开放时代,2009(04):75-82.

[48] 黄宗智.中国被忽视的非正规经济:现实与理论[J].开放时代,2009(02):51-73.

[49] 江孝感,王伟.中央与地方政府事权关系的委托—代理模型分析[J].数量经济技术经济研究,2004
(04):77-84.

[50] 蒋福容.我国公共决策中的专家参与问题及对策研究[D].青岛:中国海洋大学,2009.

[51] 李泊溪,刘德顺.中国基础设施水平与经济增长的区域比较分析[J].管理世界,1995(02):106-111.

[52] 李芝兰.跨越零和:思考当代中国的中央地方关系[J].华中师范大学学报(人文社会科学版),2004
(06):117-124.

[53] 梁进社.城市化与国民经济发展之关系的理论分析[J].自然资源学报,1999(04):351-354.

[54] 梁亮,钱海燕.政策制定失败原因分析[J].理论探讨,2000(05):83-84.

[55] 林尚立.国内政府间关系[M].杭州:浙江人民出版社,1998.

[56] 刘贵利.城市规划决策学[M].北京:中国建筑工业出版社,2008.

[57] 刘雪明.政策决策的科学化与民主化问题研究[J].求实,2002(04):49-52.

[58] 陆大道,姚士谋,刘慧.2006中国区域发展报告:城镇化进程及空间扩张[M].北京:商务印书
馆,2007.

[59] 陆大道.中国的城镇化进程和空间扩张[J].中国城市经济,2007(10):14-17.

[60] 庞明川.中央与地方政府间博弈的形成机理及其演进[J].财经问题研究,2004(12):55-61.

[61] 彭真.新时期的社会主义民主与法制建设[M].北京:中央文献出版社,1989.

[62] 齐明山.行政管理学[M].北京:中国人民大学出版社,2010.

[63] 青木昌彦. 比较制度分析[M]. 周黎安,译. 上海:上海远东出版社,2001.

[64] 邱汉中. 论当前公共政策决策中存在的问题及对策[J]. 西藏民族学院学报(哲学社会科学版),2003 (04):60-64.

[65] 瞿同祖. 清代地方政府[M]. 范忠信,晏峰,译. 北京:法律出版社,2003.

[66] 沈立人,戴园晨. 我国"诸侯经济"的形成及其弊端和根源[J]. 经济研究,1990(03):12-19.

[67] 刘盛和,陈田,蔡建明. 中国半城市化现象及其研究重点[J]. 地理学报,2004(S1):101-108.

[68] 石发勇. 关系网络与当代中国基层社会运动——以一个街区环保运动个案为例[J]. 学海,2005(03): 76-88.

[69] 世界银行. 1994 年世界发展报告(中文版)[M]. 北京:中国财政经济出版社,1995.

[70] 世界银行. 2020 年的中国[M]. 北京:中国财政经济出版社,1997.

[71] 孙宁华. 经济转型时期中央政府与地方政府的经济博弈[J]. 管理世界,2001(03):35-43.

[72] 唐建新,杨军. 基础设施与经济发展:理论与政策[M]. 武汉:武汉大学出版社,2003.

[73] 汪小亚. 大突破:世纪门槛的中国金融改革[M]. 北京:中国金融出版社,1999.

[74] 王沪宁. 集分平衡:中央与地方的协同关系[J]. 复旦学报(社会科学版),1991(2):7.

[75] 王永钦,张晏,章元. 中国的大国发展道路:论分权式改革的得失[J]. 经济研究,2007(01).

[76] 王永清,余晓钟. 决策失误的成因与对策[J]. 四川师范学院学报(哲学社会科学版),1996(05):28-30.

[77] 杜峰. 外商直接投资对中国区域经济增长的影响[J]. 营销界,2019(12):60-61.

[78] 魏新亚. 中国基础设施建设投资构成的地区差异[J]. 上海经济研究,2002(12):20-25.

[79] 吴缚龙,马润潮,张京祥. 转型与重构:中国城市发展多维透视[M]. 南京:东南大学出版社,2007.

[80] 吴缚龙. 超越渐进主义:中国的城市革命与崛起的城市[J]. 城市规划学刊,2008(01):18-22.

[81] 吴晗,费孝通. 皇权与绅权[M]. 天津:天津人民出版社,1988.

[82] 吴洪波. 改进党委决策方式的几点思考[J]. 中共银川市委党校学报,2006(06):13-14.

[83] 吴靖. 中国城市化动力机制探析[J]. 经济学家,2007(5):121-122.

[84] 吴良镛. 面对城市规划"第三个春天"的冷静思考[J]. 城市规划,2002(02):9-14,89.

[85] 吴思. 血酬定律:中国历史中的生存游戏[M]. 北京:中国工人出版社,2003:206.

[86] 吴友仁. 关于我国社会主义城市化问题[J]. 城市与区域规划研究,2008,1(02):170-183.

[87] 吴志攀. 金融全球化与中国金融法[M]. 广州:广州出版社,2000.

[88] 谢平,陆磊. 中国金融腐败的经济学分析[M]. 北京:中信出版社,2005.

[89] 辛向阳. 解读中国[M]. 南昌:江西人民出版社,2001.

[90] 忻林. 布坎南的政府失败理论及其对我国政府改革的启示[J]. 政治学研究,2000(03):86-94.

[91] 薛凤旋,蔡建明.研究中国城市化理论学派述评[J].地理研究,1998(02):97-105.

[92] 亚当·斯密.国民财富的性质和原因的研究[M].郭大力,王亚南,译.北京:商务印书馆,1974.

[93] 杨瑞龙,杨其静.阶梯式的渐进制度变迁模型——再论地方政府在我国制度变迁中的作用[J].经济研究,2000(03):24-31,80.

[94] 杨重光,刘维新.社会主义城市经济学[M].北京:中国财政经济出版社,1986.

[95] 叶裕民.中国城市化之路[M].北京:商务印书馆,2005.

[96] 伊夫·梅尼,文森特·赖特.西欧国家中央与地方的关系[M].朱建军,李明,张福江,等译.北京:春秋出版社,1989.

[97] 于北溟,郭东明.中国半城市化现象溯源及其存在价值研究[J].理论观察,2006(04):60-61.

[98] 张国庆.21世纪初中国行政改革的十大关系及政策选择[J].中山大学学报(社会科学版),2001(06):108-117.

[99] 张恒龙,陈宪.财政竞争对地方公共支出结构的影响——以中国的招商引资竞争为例[J].经济社会体制比较,2006(06):57-64.

[100] 张军,金煜.中国的金融深化和生产率关系的再检测:1987—2001[J].经济研究,2005(11):34-45.

[101] 张军,吴桂英,张吉鹏.中国省际物质资本存量估算:1952—2000[J].经济研究,2004(10):35-44.

[102] 张守纪.决策理论学派第一人——西蒙[J].企业改革与管理,1998(11):27-31.

[103] 张维迎.博弈论与信息经济学[M].上海:上海三联书店,上海人民出版社,2004.

[104] 张志红.当代中国政府间纵向关系研究[M].天津:天津人民出版社,2005.

[105] 郑永年,吴国光.论中央—地方关系:中国制度转型中的一个轴心问题[M].香港:牛津大学出版社,1994.

[106] 周干峙.深入研究搞好规划促进城市化健康发展[J].中国城市经济,2001(02):11-12.

[107] 周光辉.当代中国决策体制的形成与变革[J].当代中国史研究,2011,18(05):121.

[108] 周黎安.晋升博弈中政府官员的激励与合作——兼论我国地方保护主义和重复建设长期存在的原因[J].经济研究,2004(06).

[109] 周学光.基层政府间的"共谋现象"——一个政府行为的制度逻辑[J].社会学研究,2008(6):1-21.

[110] 周一星.城市研究的第一科学问题是基本概念的正确性[J].城市规划学刊,2006(01):1-5.

[111] 周一星.城市地理学[M].北京:商务印书馆,1995.

[112] 周一星.关于中国城镇化速度的思考[J].城市规划,2006(S1):32-35,40.

英文文献

[1] Acemoglu D, Johnson S, Robinson J. Institutions as the Fundamental Cause of Long-Run Growth[J]. Nanjing Business Review, 2006, 1(05):385-472.

[2] Aoki M. Information, Incentives, and Bargaining in the Japanese Economy: The Changing Nature of Industrial Organization[J]. Journal of the Japanese & International Econmies, 1988, 4(4):333-336.

[3] Stocks J L. Aristotle H. The Athenian Constitution, The Eudemian Ethics, On Virtues and Vices [M]. Cambridge: Harvard University Press, 1999.

[4] Aschauer D A. Is Public Education Productive? [J]. Journal of Monetary Economics,1989(23):177-200.

[5] Aschauer D A. Public Investment and Productivity Growth in the Group of Seven[J]. Journal of Economic Perspectives, 1989(13):17-25.

[6] Aschauer D A. Does Public Capital Crowd Out Private Capital ? [J]. Journal of Monetary Economics, 1989(24):178-235.

[7] Bardhan P. Awakening Giants, Feet of Clay: Assessing the Economic Rise of China and India[J]. Journal of Philosophical Economics, 2013, 6(2):223-225.

[8] Besley T, Case A. Incumbent Behavior: Vote-Seeking, Tax-Setting, and Yardstick Competition[J]. American Economic Review, 1995, 85(1):25-45.

[9] Blanchard O, Shleifer A. Federalism with and without Political Centralization: China versus Russia [J]. Imf Staff Papers, 2001, 48(1):171-179.

[10] Blundell R, Bond S. Initial Conditions and Moment Restrictions in Dynamic Panel Data Model[J]. Economics Papers, 1998, 87(1):115-143.

[11] Wilson D. Spaces of Neoliberalism: Urban Restructuring in North America and Western Europe[J]. Canadian Geographer, 2006, 50(2):268 - 270.

[12] Cai H, Treisman D. Did Government Decentralization Cause China's Economic Miracle? [J]. World Politics, 2006, 58(4):505-535.

[13] CaoYuanzheng, Qian Y, Weingast B. From Federalism, Chinese Style, to Privatization, Chinese Style [J]. Economics of Transition, 2010, 7(1):103-131.

[14] Démurger S. Infrastructure Development and Economic Growth: An Explanation for Regional Disparities in China? [J]. Journal of Comparative Economics, 2001, 29(1):95-117.

[15] David L. Changing Incentives of the Chinese Bureaucracy[J]. American Economic Review, 1988,88

(2)：393-397.

[16] Davis D. The Consumer Revolution in Urban China[M]. Berkeley, CA: University of California Press,2000.

[17] Davoodi H, Zou H F. Fiscal Decentralization and Economic Growth: A Cross-Country Study[J]. Cema Working Papers, 1996, 43(2):244-257.

[18] Dear M,Flusty S. Postmodern Urbanism[J]. International Encyclopedia of the Social & Behavioral Sciences, 2015, 88(1):50-72.

[19] Long J B D, Shleifer A. Princes and Merchants: European City Growth before the Industrial Revolution[J]. Journal of Law & Economics, 1993, 36(2):671-702.

[20] Bryant C. The Elusive Quest for Growth: Economists' Adventures and Misadventures in the Tropics [M]. Cambridge, MA: MIT Press, 2001.

[21] Chetham D. The River Runs Black: The Environmental Challenge to China's Future [J]. Environmental Health Perspectives, 2005, 107(3):A1032-A1032.

[22] Fan S, Zhang X. Infrastructure and Regional Economic Development in Eural China[J]. China Economic Review, 2004, 15(2):203-214.

[23] Sadler T R. The Rise of the Creative Class[J]. Journal of Socio-Economics, 2005, 34(1):133-135.

[24] Friedrich A H. Individualism and Economic Order[M]. Chicago: University of Chicago Press,1948.

[25] Frye T, Shleifer A. The Invisible Hand and the Grabbing Hand[J]. Nber Working Papers, 2007, 87 (2):354-358.

[26] Glaeser E L, Porta R L, Lopez-De-Silanes F, et al. Do Institutions Cause Growth? [J]. Journal of Economic Growth, 2004, 9(3):271-303.

[27] Becker D G. Pathways from the Periphery: The Politics of Growth in Newly Industrializing Countries [M]. Ithaca: Cornell University Press, 1990.

[28] Harloe M. Cities in the transition[M]// Cities After Socialism: Urban and Regional Change and Conflict in Post-Socialist Societies. Blackwell Publishers Ltd, 2008.

[29] Harvey D. A Brief History of Neoliberalism[M]. Oxford: Oxford University Press,2005.

[30] Henisz W J. The Institutional Environment for Infrastructure Investment[J]. Industrial & Corporate Change, 2002, 11(11):355-389.

[31] Jin H, Qian Y, Weingast B R. Regional Decentralization and Fiscal Incentives: Federalism, Chinese Style[J]. Journal of Public Economics, 2006, 89(9):1719-1742.

[32] Calla W. The China Miracle: Development Strategy and Economic Reform (review)[J]. China Review International, 1998, 5(2):483-486.

[33] Justman M. Infrastructure, Growth and the Two Dimensions of Industrial Policy[J]. Review of Economic Studies, 1995, 62(1):131-157.

[34] Kaufmann D,Kraay A, Mastruzzi M. Governance Matters : Governance Indicators for 1996-2002[J]. Social Science Electronic Publishing, 2003, 18(2):253-287.

[35] Kemmerling A, Stephan A. The Contribution of Local Public Infrastructure to Private Productivity and Its Political Economy : Evidence from a Panel of Large German Cities[J]. Public Choice, 2002, 113(3/4):403-424.

[36] Lieberthal K, Oksengerg M. Policy Making in China: Leaders, Structures, and Processes[J]. Journal of Asian Studies, 1989, 48(4):830.

[37] Porta R L, Lopez-De-Silanes F, Shleifer A, et al. Law and Finance[J]. Journal of Political Economy, 1998, 106(6):1113-1155.

[38] Lazear E P, Mcnabb R. Personnel Economics[J]. Social Science Electronic Publishing, 2008, 10(4): 199-236.

[39] Lefebvre H. The Production of Space[M]. London: Blackwell,1999.

[40] Levine R. Bank-Based or Market-Based Financial Systems: Which is Better? [J]. Journal of Financial Intermediation, 2002, 11(4):398-428.

[41] Li H, Zhou L A. Political Turnover and Economic Performance: The Incentive Role of Personnel Control in China[J]. Journal of Public Economics, 2003, 89(9):1743-1762.

[42] Lieberthal K G. Introduction: The Fragmented Authoritarianism Model and Its Limitation[M]// Lieberthal K G, Lamton D M. Bureaucracy, Politics, and Decision Making in Post-Mao China. Berkley: University of California Press, 1992.

[43] Malcomson J M. Work Incentives, Hierarchy, and Internal Labor Markets[J]. Journal of Political Economy, 1984, 92(3):486-507.

[44] Maskin E, Qian Y, Xu C. Incentives, Scale Economies, and Organizational Form [J]. Social Science Electronic Publishing, 1997, 41(3-4):122-128.

[45] Mauro P. Corruption and the Composition of Government Expenditure[J]. Journal of Public Economics, 1998, 69(2):263-279.

[46] Qian Y, Weingast B R . Federalism as a Commitment to Perserving Market Incentives[J]. Journal of

Economic Perspectives, 1997, 11(4):83-92.

[47] Shneidman J L. The Rise of the Western World: A New Economic History[J]. Contemporary Sociology, 1974, 27(4):38.

[48] Oi J C . Fiscal Reform and the Economic Foundations of Local State Corporatism in China[J]. World Politics, 1992, 45(01):99-126.

[49] Przeworski A, Limongi F. Political Regimes and Economic Growth[J]. Journal of Economic Perspectives, 1993, 7(3):51-69.

[50] Qian Y,Weingast B R. Federalism as a Commitment to Perserving Market Incentives[J]. Journal of Economic Perspectives, 1997, 11(4):83-92.

[51] Qian Y, Roland G. Federalism and the Soft Budget Constraint[J]. American Economic Review, 1998, 88(5):1143-1162.

[52] Qian Y, Xu Cheng-Gang. Why China's Economic Reforms Differ: the M-form Hierarchy and Entry/ Expansion of the Non-state Sector[J]. Economics of Transition, 2010, 1(2):135-170.

[53] Randolph S, Bogetic Z, Heffley D R. Determinants of Public Expenditure on Infrastructure: Transportation and Communication[J]. Social Science Electronic Publishing, 2016.

[54] Randolph S, Bogetic Z, Heffley D R. Determinants of Public Expenditure on Infrastructure: Transportation and Communication[J]. Social Science Electronic Publishing, 2016.

[55] Rauch J E, Evans P. Bureaucratic Structure and Bureaucratic Performance in Less Developed Countries[J]. Journal of Public Economics, 2000, 75(1):49-71.

[56] Rosen S. Prizes and Incentives in Elimination Tournaments[J]. American Economic Review, 1986, 76 (4):701-715.

[57] Heilmann S. From Local Experiments to National Policy: The Origins of China's Distinctive Policy Process[J]. China Journal, 2008, 59(59):1-30.

[58] Shleifer A. Government in Transition[J]. European Economic Review, 1996, 41(3):385-410.

[59] Powers D V. Postsocialist Pathways: Transforming Politics and Property in East Central Europe[M]. New York: Cambridge University Press, 1998.

[60] Lebeck C, Stephen H, Sunstein C R, The Cost of Rights: Why Liberty Depends on Taxes[J]. Public Choice, 2003, 114(3-4):491-494.

[61] Stigler G J . The Theory of Economic Regulation[J]. The Bell Journal of Economics and Management Science, 1971, 2(1):3-21.

［62］Bachman D，Shirk S L．The Political Logic of Economic Reform in China［J］．Foreign Affairs (Council on Foreign Relations)，1994，53(2)．

［63］Tanzi V，Davoodi H R．Corruption，Public Investment，and Growth［J］．Social Science Electronic Publishing，1997．

［64］Tiebout C M．A Pure Theory of Local Expenditures［J］．Journal of Political Economy，1956，64(5)：416-424．

［65］Tirole J．The Internal Organization of Government［J］．Oxford Economic Papers，1994(46)：1-29．

［66］Chen G．Fiscal Decentralization and the Quality of Local Government［J］．Journal of Guangdong University of Business Studies，2013．

［67］Haggard S，Wade R，Gereffi G，et al．Governing the Market：Economic Theory and the Role of Government in East Asian Industrialization［J］．American Political Science Association，1992，86(1)：280．

［68］Wallerstein I．The Modern World-System：Capitalist Agriculture and the Origins of the European World-Economy in the Sixteenth Century［M］．New York：Academic Press，1976．

［69］Whiting S H．Power and Wealth in Rural China：The Political Economy of Institutional Change［M］．Cambridge University Press，2001．

［70］Wong C，Heady C，Woo W．Fiscal Management and Economic Reform in the People′s Republic of China［M］．Hong Kong：Oxford University Press，1995．

［71］Wu F．The Global and Local Dimensions of Place-making：Remaking Shanghai as a World City［J］．Urban Studies，2000，37(8)：1359-1377．

［72］Qian Y，Roland G．Federalism and the Soft Budget Constraint［J］．Working Papers，1998，88(5)：1143-1162．

［73］ZHENG Y N．Explaining the Sources of de facto Federalism in Reform China：Intergovernmental Decentralization，Globalization，and Central－Local Relations［J］．Japanese Journal of Political Science，2006，7(02)：101．

［74］Laliberté，André．De Facto Federalism in China：Reforms and Dynamics of Central-Local Relations［J］．Social Science Electronic Publishing，2009，62：364-370．

［75］Zhuravskaya E V．Incentives to Provide Local Public Goods：Fiscal Federalism，Russian style［J］．Journal of Public Economics，2000，76(3)：337-368．

后　记

本书的所有工作，自始至终，都是在齐康老师的关心、支持和指导下完成的。成为齐康教授的博士研究生，是我人生的重要转折点。博士期间的学习，不仅使我从一个忙碌于具体项目的咨询工程师，逐步转变为理性思考的研究者；而且更重要的是，通过跟随齐老师学习的点滴积累，让我进入做人求学的新境界。谨此表达对齐康老师的崇高敬意和感激之情。

在浩浩荡荡的时代潮流中，东南大学坚持"止于至善"，即"完善自我，关爱他者，追求至善，保持卓越"的校训，包括建筑研究所在内的各级院系为求学者提供了冷静思考和追求进步的空间。在此，感谢段进老师、郑忻老师、张十庆老师、张彤老师（排名不分先后）等各位导师的悉心指导；特别感谢林挺老师以及高晶老师的关心与支持；感谢陈一新、邵继中等博士同学的无私帮助。

我是中国国际工程咨询有限公司委托培养的在职博士生，在此向鞠英莲女士，以及社会事业部胡元明主任及同事、资源与环境业务部朱黎阳主任及同事、人力资源部易桂安主任及杨春伟副主任等，表达衷心的感谢，感谢给予学习深造的机会，感谢分担繁重的工作，感谢日常交流的启发性建议。

最后，感谢我的家人。在长期高负荷压力下，是他们在默默支持着我的工作、学习和生活，扶持着我一直向前进。我愿把博士学习的全部收获献给我的父母和儿子，还有那些一直关心、支持、鼓励我的朋友们。

内容提要

改革开放40多年来,中国城镇化建设和城市发展取得巨大成就,形成多层次的城镇体系、多中心网络型的国土开发格局,人口和产业将继续向中心城市和大城市群集聚,2020年我国常住人口城镇化率将达到56.1%。未来20年,我国城镇化在保持必要增速的同时,也面临进一步优化国土空间布局、提高国土开发效率和整体竞争力、提升城市管理水平、完善基础设施、产业结构转型升级等诸多挑战;与此同时,我国幅员广阔,各地发展不平衡始终存在,区域分化现象明显,部分资源型城市出现产业衰退等突出问题,下一步政策调控的关注点将逐步由城市的行政区向经济区和类型区转变,更加注重涉及国土开发和空间布局等顶层规划的统筹融合,完善国家空间体系规划。

本书针对新型城镇化进程中的中国城市发展决策问题展开研究,构建城市决策体系的基本理论逻辑和分析框架,结合案例进行实证研究,探索提出具有可操作性的城市发展决策建议和实用工具。

本书适用于城乡规划、风景园林、建筑学等相关学科领域的研究者及爱好者阅读参考。

图书在版编目(CIP)数据

中国城市发展中的决策问题研究 / 张嫄著. —南京 :
东南大学出版社,2019.12
(可持续发展的中国生态宜居城镇/齐康主编)
ISBN 978 - 7 - 5641 - 8764 - 4

Ⅰ. ①中… Ⅱ. ①张… Ⅲ. ①城市发展战略-研究-
中国 Ⅳ. ①F299.21

中国版本图书馆 CIP 数据核字(2019)第 283222 号

中国城市发展中的决策问题研究
Zhongguo Chengshi Fazhan Zhong De Juece Wenti Yanjiu

著　　者:	张　嫄
出版发行:	东南大学出版社
社　　址:	南京市四牌楼 2 号　　邮编:210096
出 版 人:	江建中
网　　址:	http://www.seupress.com
责任编辑:	戴　丽　贺玮玮
文字编辑:	陈筱燕
责任印制:	周荣虎
经　　销:	全国各地新华书店
印　　刷:	上海雅昌艺术印刷有限公司
版　　次:	2019 年 12 月第 1 版
印　　次:	2019 年 12 月第 1 次印刷
开　　本:	787 mm×1092 mm　1/16
印　　张:	11
字　　数:	210 千字
书　　号:	ISBN 978-7-5641-8764-4
定　　价:	58.00 元